數學素養題型

題型 八上

由貼近生活的科普文章轉化成數學題組
符合108課綱精神的數學素養學習教材

數感實驗室／編著

數感實驗室

MATHEMATICAL
LITERACY

Letter from the 編者的話
Editor-in-Chief

各位老師、同學、家長好：

數感實驗室創立迄今，累積了逾千則的生活數學內容，在網路上集結了超過十萬的數學愛好者。我們用數學分析生活、時事、新聞，想讓更多人知道數學有多好玩、多實用。

新課綱的重點「數學素養」強調與情境結合，培養學生活用數學的能力，而非僅止於精熟計算。從 107 年起，連續幾年的國中數學會考中，生活情境題更占了一半左右。這樣的教育改革方向，與我們團隊所強調的「數感」不謀而合——

數感：察覺生活中的數學，用數學解決生活中的問題

因為教學端、考試端的重視，近年來我們受邀到許多學校、縣市輔導團舉辦素養題工作坊，協助教師命題，也與各大出版社合作，參與了國小、國中、高中職義務教育全年段的課本編寫任務。

此次，我們集結了來自第一線的老師、前心測中心的數學研究員，並

邀請數學系教授擔任顧問，投入大量的心力時間，將眾多生活數學內容轉編成一系列的《數學素養題型》，目前已有多所學校採用。

書中的每道題組，皆由循序漸進的多個探究式子題組成，子題有選擇題，也有比照會考的非選擇題。搭配豐富的影音文字延伸學習資料，以及完善的影音詳解，《數學素養題型》可以作為老師在課堂上的教材，也可以作為學生自學的好幫手。

我們期許《數學素養題型》不僅能對同學短期的課業、升學有幫助，而是要產生對就業、人生有益的長遠幫助。2019 年美國就業網站 CareerCast 公布的全美最佳職業排行，前十名有六種職業需要高度的活用數學能力，例如資料科學家、精算師等。畢竟，科技與數據的時代，數學已經成為各行各業的專家語言。許多研究更指出，數感好的人在理財、健康等人生重要面向中表現都比較好。若能真的學會數學，具備數學素養，相信絕對是終生受益的能力。

培養數感不像學一道公式，花幾堂課或練習幾次即可。它是一種思考方式，一種重新看待數學的視角。但培養數感也不需要狂刷大量題目。說到底，數學本來就不是靠著以量取勝就能學好的知識。

數學強調的是想得深入，想得清楚。

翻開《數學素養題型》，每週找一個時間，寫一道題組，讀相關學習延伸，看影音詳解。可以是同學自己在家練習，也可以是老師在課堂上帶著大家一起討論。如同養成習慣一樣，相信半年、一年下來，可以看見顯著的成效。

讓數學變得好用、好學、好玩

這是數感實驗室的理念，也是我們編寫《數學素養題型》的精神。

主編 賴以威

數學素養題型說明

緣由

108 學年度新課綱的「素養導向」是教學的一大議題：如何讓學生察覺生活中的數學，如何評量數學素養呢？數感實驗室研發了一系列符合 108 課綱精神的數學素養學習教材、生活數學題組，希望能幫助教師、家長、學生一起提升數學素養。

題目說明

除了計算、解題的數學力，我們期許培育學生「在生活中看見數學，用數學解決生活問題」的數感。數學素養題型將引導學生進行下圖思考歷程：

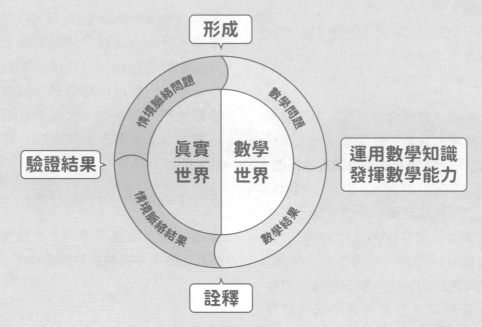

數學素養題型的思考歷程

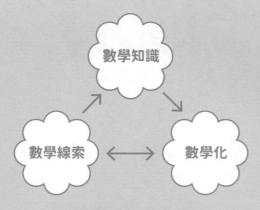

從真實世界形成數學問題
進入數學世界的歷程

形成

過往教學常注重「解決數學問題」。素養導向則強調真實世界到數學世界的「形成」—— 發現數學線索、連結數學知識，進而數學化問題。

INTRO-DUCTION

數學素養題型的兩大特色

01

多樣化豐富情境

本團隊累積逾千篇數學生活文章，轉換之題組涵蓋 PISA 四大情境：個人、職業、社會、科學。

02

探究式題組

引導學生思考、分析情境、選擇工具、形成問題、運算，得到答案後詮釋情境。

數感不是獨特的天賦，需要的只是有方法的引導與適量的練習。數學素養題型基於豐富的素材、設計活潑的情境，提供細緻的探究歷程。學生可以自學，定期練習。老師也能於教學中活用，直接作為評量或改編為課堂教案。我們期許這項服務能作為現場老師因應數學素養的強力後盾。

作答說明

是非題

每題包含 ●是 ●否 兩個選項。

請根據題意，從兩個選項中選出一個正確或最佳的答案。

選擇題

每題包含 A)、B)、C)、D) 四個選項。

請根據題意，從四個選項中選出一個正確或最佳的答案。

非選擇題

請根據題意，將解題過程與最後答案，清楚完整地寫在試題下方作答欄位中。

.... 每道題組建議作答時間：15~20 分鐘 ....

單元一　乘法公式與多項式

UNIT ONE

LESSON
乘法公式與多項式

學習重點回顧

1 **分配律**：假設 a、b、c、d 為四數，則 $(a+b)(c+d)=ac+ad+bc+bd$

2 **二次乘法公式**：假設 a、b 為二數，則
和的平方公式：$(a+b)^2=a^2+2ab+b^2$
差的平方公式：$(a-b)^2=a^2-2ab+b^2$
平方差公式：$(a+b)(a-b)=a^2-b^2$

3 **多項式的定義與相關名詞：**
用加法與乘法將一些未知數的正整數次方及常數組合起來的代數式，稱為多項式。
在多項式 $x+2x^3-3+4x^2$ 中：

- 以加號隔開的「x」、「$2x^3$」、「-3」、「$4x^2$」，稱為項，其中 1 稱為 x 項的係數、2 稱為 x^3 項的係數、4 稱為 x^2 項的係數。

- 「-3」沒有包含未知數，稱為 $x+2x^3-3+4x^2$ 的常數項。

- 根據未知數的次方，稱「x」為一次項、「$4x^2$」為二次項、「$2x^3$」為三次項。係數不為零的項當中，未知數次方最高的「$2x^3$」稱為最高次項，並以此次方，稱 $x+2x^3-3+4x^2$ 為三次多項式。

- 只有常數項的多項式，稱為常數多項式。非零的常數多項式，稱為零次多項式。

- 從左到右來看，根據次方由小到大排列成 $-3+x+4x^2+2x^3$，稱為升冪排列。而根據次方由大到小排列成 $2x^3+4x^2+x-3$，稱為降冪排列。

在多項式中，未知數次方相同的項，稱為同類項，而將同類項透過係數相加合併成一項的過程，稱為多項式的化簡。例如：$2x^3+4x^2+x-3+2x$ 中，「x」與「$2x$」為同類項，合併之後，多項式可化簡為 $2x^3+4x^2+3x-3$

4 **多項式的加減運算**：將兩個多項式的同類項相加（或相減），形成新的多項式之過程，稱為多項式的加法（或減法）。

5 **多項式的乘法運算**：假設 a、b 為二數，m、n 為兩正整數，則利用分配律，可將兩個多項式的乘積，展開成 $a \cdot b=ab$、$a \cdot (bx^n)=abx^n$、$(ax^m) \cdot (bx^n)=abx^{(m+n)}$ 的總和。

❻ **多項式的除法運算：**假設 A、B 為多項式，且 B 為非零多項式（即 B≠0），則存在兩個多項式 Q、R，使得 A＝BQ＋R，且多項式 R 的次數小於 B 的次數或為零多項式（即 R＝0）。

❼ **進行多項式的直式運算時，先將多項式降冪排列，遇缺項時先補零。**

在加減時，對齊次數相同的項，再進行同類項合併。

在乘法時，將多項式靠右對齊，從常數項開始運算。

在除法時，用長除法進行運算，直到餘式的次數比除式的次數低或餘式為 0。

NOTE

數學知識檢核

分配律、乘法公式

① 請利用乘法公式，計算下列各式的值：

(1) 1000.1^2

(2) 99.9^2

② $305 \times 295 - (295^2 - 195^2) =$ _____

③ 請利用分配律完成下列算式：

51×19

$= (50 + \underline{\hspace{1cm}})(20 - 1)$

$= 50 \times 20 - 50 \times 1 + \underline{\hspace{1cm}} \times 20 - 1 \times 1$

$= 1000 - 50 + \underline{\hspace{1cm}} - 1$

$= \underline{\hspace{2cm}}$

④ 如圖，兩個邊長分別為 33 公分和 13 公分的正方形，
請問它們之間的塗色區域面積是多少平方公分？

_____

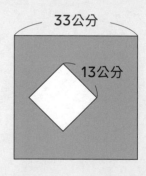

多項式的定義與名詞

① 請問下列各式中，哪些不是 x 的多項式？ _____

A $3x^2 - 4$ B $\dfrac{1}{x+1}$ C $|x - 1|$ D x

② 多項式 $97x - 99x^2 - 23$ 的最高次項係數為 _____

③ $(a-5)x^2 + (b+5)x + 2022$ 是一個零次多項式，則 a＋b＝ _____

多項式的加減運算

① $(3x^3+4x-5)+(x-3x^2-2)=$ _____

② $[(x^3+5x^2-6)+(2x-10)]-(4x^2-x)=$ _____

③ $(5x^3-3x^2+12x-99)+A=x^2-11x$，請問 A 為何？ _____

④ 已知 A、B 為兩多項式，君君在做 A＋B 的運算時，誤把「＋」看成「－」，算出的結果為 x^3-6x^2+8x-2。若 A 為 x^2+9x-3，請問 A＋B 的正確答案為何？

_____

多項式的乘除運算

① 請計算下列運算的結果：

(1) $(2x+7)^2$

(2) $(2x-1)^2-(3x+1)(3x-1)$

② $(x+2)(3x-2)(3x-6)=$ _____

③ $(x+2)(ax+1)=ax^2-3x+2$，則 $a=$ _____

④ 已知多項式 $2x^2+6x+1$ 除以 $ax+b$ 後，得到商式為 $x+2$，餘式為 -3
請問 $a+b=$ _____

QUESTION 1-1
發掘月曆中的秘密

日期、星期都是我們生活中熟悉的內容,因為有著規律性,才能讓全世界大多數的人依照同樣的規則過日子。圖一是我們熟知的月曆表示,每 7 日就排一列,代表星期日、星期一、星期二、……、星期五、星期六,將每個月的日期排進表格中。

	日	一	二	三	四	五	六
第 1 列						1	2
第 2 列	3	4	5	6	7	8	9
第 3 列	10	11	12	13	14	15	16
第 4 列	17	18	19	20	21	22	23
第 5 列	24	25	26	27	28	29	30
第 6 列	31						

圖一 月曆上其中一個月份的日期與星期

喜歡研究數字規律的<u>雪兔</u>,一看就覺得日期之間有規律性,應該也藏著推測日期的線索。跟著<u>雪兔</u>一起來發掘更多月曆規律的秘密吧!

01 觀察圖一,請問同月份中,相鄰兩個星期日的日期,是否都是相差 7?
　　✿是　✿否

( ) **02** 首先<u>雪兔</u>想，先隨機框出「一個方框」，來縮小研究的方向，像是把圖一中的 14、15、21、22 框起來，如圖二所示。

| 14 | 15 |
| 21 | 22 |

圖二 框起來的 4 格方框日期

他把圖二中的14以x表示，試著推出方框內日期總和的式子。請問下列哪個選項為<u>雪兔</u>用x表示圖二的日期總和？

A) $2[x+(x+1)]$

B) $2[x+(x+7)]$

C) $2[(x+1)+(x+7)]$

D) $2[(x+7)+(x+8)]$

03 <u>雪兔</u>這次使用 9 格的方框，並將中央的數字假設為 y，如圖三所示。

圖三 框起來的 9 格方框與中央的 y

他心想對角線裡頭應該有重要的關聯，於是將圖三中其他的日期以 y 表示後，試算此框中兩條對角線的日期分別相乘的結果，請問會相差多少？請你完成以下<u>雪兔</u>所列的運算過程，在括號中填入數字或式子。

$y \cdot ($ _____ $) \cdot (y-6) - y \cdot (y+8) \cdot ($ _____ $)$

$= y \cdot ($ _____ $) - y \cdot ($ _____ $)$

$= ($ _____ $) \cdot y$

04 雪兔整理出兩種運算結果的式子後，感到相當有趣，決定考考桃矢！承第 2、3 題，他只給了桃矢兩個線索：「4 格方框日期總和為 92」與「9 格方框對角線乘積的差為 392」，可以得到一個被兩個框都圍起來的日期。請問他希望桃矢找到的日期是幾號？請將兩個方框畫在下圖中的月曆上，並合理說明或詳細解釋你如何找出這些方框的位置。

日	一	二	三	四	五	六
					1	2
3	4	5	6	7	8	9
10	11	12	13	14	15	16
17	18	19	20	21	22	23
24	25	26	27	28	29	30
31						

◆ 說明：

題目資訊

內容領域 ○數與量(N) ○空間與形狀(S) ●變化與關係(R) ○資料與不確定性(D)

數學歷程 ○形成 ●應用 ○詮釋

情境脈絡 ●個人 ○職業 ○社會 ○科學

學習重點	學習內容	A-8-1	二次式的乘法公式
		A-8-3	多項式的四則運算
	學習表現	a-IV-5	認識多項式及相關名詞,並熟練多項式的四則運算及運用乘法公式。

QUESTION 1-2
找出深藏的費波那契數列

　　近日在網路上有一組分數如下圖一，引起網友們的熱烈討論。雖看似沒有特別之處，但網友提到：「只要把分數化成小數，會發現小數點後，以固定間隔出現多組非零的數字，把這些數字依序排列，就會出現**費波那契**數列！」

$$\frac{1}{998999}$$

$$=0.000001001002003005008......$$

圖一 分數的分子 1 與分母的 6 位數

　　所謂的**費波那契**數列，是指從第三個數開始，每個數字是自己前兩組數字的和，依序為：「1、1、2、3、5、8、……」。具有好奇心的<u>拉比</u>，知道自然界中許多事物藏著**費波那契**數列，沒想到分數中也有它的蹤跡。他想知道這僅僅是巧合，還是有什麼秘密在裡頭呢？跟著<u>拉比</u>一起探索看看吧！

（　）**01** 根據費波那契數列的規律，請問下列哪一個選項中的算式，可用來表示數列中的第七個數？

　　　A）2+5

　　　B）3+5

　　　C）3+8

　　　D）5+8

（　）**02** <u>拉比</u>看到網友分享，利用 $\dfrac{x^2}{1-x-x^2}$ 這個特殊的代數式，可以說明其中的原理。因為它可以轉換成多項式 $P = x^2 + x^3 + 2x^4 + 3x^5 + 5x^6 + 8x^7 + ……$ 的形式，P 每一項的係數就會跟<u>費波那契</u>數列對應！請問多項式 P 中 x^{10} 的係數為下列何者？

　　　A）21

　　　B）34

　　　C）55

　　　D）89

03 承上題，不過這個特殊的代數式與圖一的分數看似不相同，拉比心想：「能不能將一個數代入 x，把這個代數式化簡為原本分數的樣子呢?」。請問他應該找出什麼數字代入 x 中，並合理說明或詳細解釋你的看法。

（提示：$998999 = (10^3)^2 - 10^3 - 1$，且 $\dfrac{1}{10^3} = \dfrac{10^{-3}}{1}$ ）

◆ 說明：

04 拉比知道小數皆可以 10 的整數次方拆解。例如：三位小數 0.123 可拆解為 $0.1 + 0.02 + 0.003 = 1 \times 10^{-1} + 2 \times 10^{-2} + 3 \times 10^{-3}$。承第 2、3 題，請將找到的數字代入多項式 P，並根據代入後得出的前六項，合理說明或詳細解釋費波那契數列在小數中出現的規律。

◆ 說明：

<u>05</u> 根據第 3、4 題，究竟 $\dfrac{x^2}{1-x-x^2}$ 是如何達到這樣的威力呢？原來，只要將 x^2 與 $1-x-x^2$ 以下列的運算規律一直進行下去，就會發現<u>費波那契</u>數列藏在與 $1-x-x^2$ 相乘的多項式中：

$$x^2 = (1-x-x^2)x^2 + (x^3+x^4)$$
$$= (1-x-x^2)x^2 + (1-x-x^2)x^3 + (2x^4+x^5)$$
$$= (1-x-x^2)x^2 + (1-x-x^2)x^3 + (1-x-x^2)2x^4 + (ax^m+bx^n)$$
$$= \cdots\cdots$$

已知 a、b、m、n 皆為整數。根據多項式的運算規則，請問<u>拉比</u>應求出的 ax^m+bx^n 為何，並根據上述的運算規律，寫出下一個等號所列出的算式為何？請合理說明或詳細解釋你的看法。

◆ 說明：

延伸學習 1　　延伸學習 2　　延伸學習 3

題目資訊

內容領域	○數與量(N) ○空間與形狀(S) ◉變化與關係(R) ○資料與不確定性(D)

數學歷程	○形成 ○應用 ◉詮釋

情境脈絡	◉個人 ○職業 ○社會 ○科學

學習重點	學習內容	N-7-7　指數律 A-8-3　多項式的四則運算
	學習表現	n-IV-3　理解非負整數次方的指數和指數律，應用於質因數分解與科學記號，並能運用到日常生活的情境解決問題。 a-IV-5　認識多項式及相關名詞，並熟練多項式的四則運算及運用乘法公式。

單元二　平方根與畢氏定理

UNIT TWO

平方根與畢氏定理

學習重點回顧

① **二次方根（平方根）與根號（$\sqrt{}$）：**

假設 a 為一數且 a ≥ 0，若有一數 b 滿足 $b^2 = a$，則稱 b 為 a 的二次方根或平方根。

假設 a 為一正數，則 $\sqrt{a}$（唸作根號 a）稱為 a 的（正）平方根，即 $(\sqrt{a})^2 = a$。

任何一正數 a，皆有兩個平方根 $\sqrt{a}$、$-\sqrt{a}$。而 0 的平方根只有 0。

② **根式的四則運算與化簡：** 假設 a、b 皆為正數，

乘法運算：$\sqrt{ab} = \sqrt{a} \cdot \sqrt{b}$

除法運算：$\sqrt{\dfrac{a}{b}} = \dfrac{\sqrt{a}}{\sqrt{b}}$

化簡：

- $\sqrt{a^2 b} = a\sqrt{b}$。當 b 不含有大於 1 的完全平方數的因數時，稱 $a\sqrt{b}$ 為最簡根式。

- 利用平方差公式，可化簡 $\dfrac{1}{\sqrt{a}+b} = \dfrac{\sqrt{a}-b}{(\sqrt{a}+b)(\sqrt{a}-b)} = \dfrac{\sqrt{a}-b}{a-b^2}$，讓根號只出現在分子。

  這個化簡過程，稱為有理化分母。例如：$\dfrac{1}{\sqrt{5}+1} = \dfrac{\sqrt{5}-1}{(\sqrt{5}+1)(\sqrt{5}-1)} = \dfrac{\sqrt{5}-1}{5-1} = \dfrac{\sqrt{5}-1}{4}$

加減運算：

- 若 $\sqrt{a}$、$\sqrt{b}$ 化簡為最簡根式後，根號裡的數字相同，則稱 $\sqrt{a}$、$\sqrt{b}$ 為同類方根。

- 進行根式的加減運算時，應將同類方根合併，不是同類方根則無法合併。

③ **根式的大小比較：** 假設 a、b 皆為正數，且 a > b，則 $\sqrt{a} > \sqrt{b}$

④ **根式的估計：** 假設 a 為一正數，

若有一正整數 b 滿足 $b^2 < a$，且 $a < (b+1)^2$，則 $b < \sqrt{a} < b+1$，其中 b 稱為 a 的整數部分。例如：$2^2 = 4 < 5$，且 $3^2 = 9 > 5$，故 $2 < \sqrt{5} < 3$，其中 2 為 $\sqrt{5}$ 的整數部分。

十分逼近法：已知 $2 < \sqrt{5} < 3$，

- 因為 $(2.1)^2$、$(2.2)^2$、...、$(2.9)^2$ 中，$(2.2)^2 = 4.84 < 5$，且 $(2.3)^2 = 5.29 > 5$，故可推得 $2.2 < \sqrt{5} < 2.3$

- 又 $(2.25)^2 = 5.0625 > 5$，故可推得 $2.2 < \sqrt{5} < 2.25$。依四捨五入法到小數點後第一位，可得 $\sqrt{5} \fallingdotseq 2.2$

❺ **畢氏定理：**任意一個直角三角形中，兩股長的平方和等於斜邊長的平方。

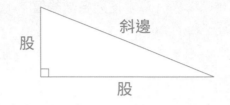

❻ **直角三角形斜邊上的高＝** $\dfrac{\text{兩股長的乘積}}{\text{斜邊長}}$

❼ **直角坐標系上兩點 A(a,b)、B(c,d) 的距離** $\overline{AB}=\sqrt{(a-c)^2+(b-d)^2}$

NOTE

數學知識檢核

平方根

① 求下列各數的值：

(1) $-\sqrt{361}$

(2) $\sqrt{12.25}$

( )② 下列選項中的敘述，何者正確？

A $(\sqrt{71})^2 = 71$，所以 71 是 $\sqrt{71}$ 的平方根

B 25 的平方根是 ± 5

C $-4^2 = -16$，所以 -4 是 -16 的平方根

D -7 是 $\sqrt{49}$ 的平方根

③ 若 $\sqrt{2022}$ 的平方根為 a、b，$\sqrt{111}$ 的平方根為 c、d，

則 $a + b + (c+d) \cdot 3141 =$ _____

根式的四則運算

① $\sqrt{7^2} + \sqrt{(-6)^2} + \sqrt{3} \cdot \sqrt{12} =$ _____

② $\dfrac{\sqrt{5}}{\sqrt{2}} \div \sqrt{10} =$ _____ （請用最簡根式表示）

③ $\sqrt{3} + \sqrt{6} + \sqrt{9} + \sqrt{12} =$ _____ （請用最簡根式表示）

④ 請將 $\dfrac{6}{\sqrt{8}-2}$ 化簡為最簡根式。_____

根式的大小比較

( ) ① 請問下列哪個敘述是正確的？

　　Ⓐ 假設 $a > b$，則 $\sqrt{a} > \sqrt{b}$

　　Ⓑ 假設 $\sqrt{a} > \sqrt{b}$，則 $a > b$

② 假設 $a = -7$，$b = -\sqrt{53}$，$c = -\sqrt{48}$，請試著比較 a、b、c 的大小，並由小到大進行排序。

根式的估計

① 利用十分逼近法求 $\sqrt{7}$ 的近似值，並以四捨五入法求到小數點後第一位。

② 假設 x 為正整數，若 $2.2 < \sqrt{x} < 3$，則符合 x 的值有幾個？

畢氏定理及其應用

① 已知直角三角形的兩股長分別為 7 和 24，求其斜邊的長。

② 請判斷滿足「兩邊長分別為 20 和 21」的直角三角形，有多少種可能，並列出每種可能對應的三邊長。

③ 試求右圖中，a、b 所代表的線段長度。

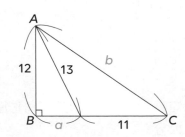

直角坐標系上兩點距離公式

① 坐標平面上，$(3 , 4)$ 與 $(6 , 8)$ 兩點的距離是多少？

QUESTION 2-1
發掘根號與圓周率的奇妙關係

曾有古人從觀察圓形的輪子中發現，圓周長與直徑存在固定的比率，也就是我們後來說的圓周率，常用希臘字母π來表示。但以前是如何找出圓周率的值到底是多少呢？歷史上有不少人嘗試用各種方法估計圓周率，像是希臘哲學家柏拉圖（Plato）間接地發現圓周率的估計式：$\sqrt{2} + \sqrt{3} \fallingdotseq \pi$。

濱田廣覺得柏拉圖的估計式太神奇了，他想，柏拉圖是位幾何大師，或許可以從正多邊形的面積去找出估計式的由來。讓我們跟濱田廣一起用正多邊形驗證這個圓周率估計式吧！

<u>01</u> 已知圓周率是一個小數點後「數字不循環」且「無窮多位」的數，請問圓周率π是否比 3.14 大？

　　● 是　　● 否

（　）<u>02</u> 濱田廣知道邊數愈多的正多邊形，看起來較接近圓形。首先他先以正六邊形來嘗試，如圖一所示，A 點為它的中心點，是所有線對稱軸的交點，且 A 點到正六邊形各邊的距離為 4 公分。

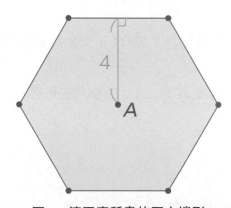

圖一　濱田廣所畫的正六邊形

已知高為 4 公分的正三角形面積為 $\frac{16\sqrt{3}}{3}$，請問濱田廣所畫的正六邊形面積為多少平方公分？

A) $16\sqrt{3}$

B) $32\sqrt{3}$

C) $48\sqrt{3}$

D) $96\sqrt{3}$

(　) 03 接著，<u>濱田廣</u>畫邊數更多的正八邊形，如圖二所示，其中 B 點也是它的中心點，且 B 點到正八邊形各頂點的距離也是 4 公分。

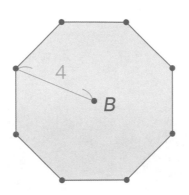

圖二　<u>濱田廣</u>所畫的正八邊形

已知正八邊形可由 8 個如圖三的等腰三角形所組成，且從這個等腰三角形的底角作腰上的高後，可將腰長分成兩段。

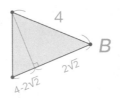

圖三　組成正八邊形的等腰三角形

根據上述資訊，請問<u>濱田廣</u>所畫的正八邊形面積為多少平方公分？

A) $4\sqrt{2}$

B) $8\sqrt{2}$

C) $16\sqrt{2}$

D) $32\sqrt{2}$

04 濱田廣想利用第 2、3 題的結果,模仿古人的作法估計圓面積,所以試著把這兩個正多邊形與半徑為 4 公分的圓組合。下列選項為他想嘗試的四種組合方式,且圓心 O 恰好也是正六邊形與正八邊形的中心點。

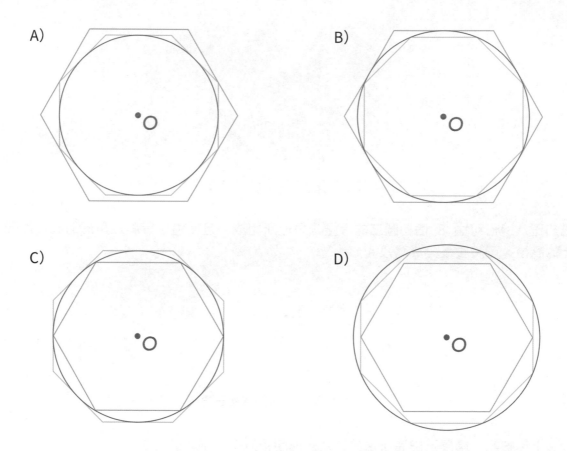

A)

B)

C)

D)

承第 2、3 題,你覺得哪個選項中的組合方式才能正確估計出圓面積呢?請合理解釋或詳細說明你的看法。

答:

◆ 說明:

05 濱田廣發現，正六邊形的面積答案恰有 $\sqrt{3}$，正八邊形的面積答案恰有 $\sqrt{2}$，都是柏拉圖圓周率估計式中出現的數字。他猜測：「既然一個面積比較小，一個面積比較大，那麼兩個平均起來，以多補少，不就跟圓的面積差不多了嗎？」承第 2 ～ 4 題，請根據濱田廣的猜測，驗證柏拉圖的圓周率估計式是否合理？請合理說明或詳細解釋你的看法。（參考數值：$\sqrt{2} \doteqdot 1.41$、$\sqrt{3} \doteqdot 1.73$）

◆ 說明：

延伸學習 1　　延伸學習 2　　延伸學習 3

題目資訊

內容領域	○數與量(N) ●空間與形狀(S) ○變化與關係(R) ○資料與不確定性(D)
數學歷程	○形成 ○應用 ●詮釋
情境脈絡	●個人 ○職業 ○社會 ○科學

學習重點	學習內容	N-8-1　二次方根 S-8-6　畢氏定理
	學習表現	n-IV-5　理解二次方根的意義、符號與根式的四則運算，並能運用到日常生活的情境解決問題。 s-IV-7　理解畢氏定理與其逆敘述，並能應用於數學解題與日常生活的問題。

QUESTION 2-2
尋找搶跑道的訣竅

　　學校的運動會中，大隊接力比賽是全校注目的焦點，每班都要推派 20 位同學參加，每位跑者都僅跑約 100 公尺，是一個需要團隊合作的比賽。

　　跑道有內外圈差別，為了讓前三棒跑者所跑的距離相等，不同跑道的前三棒跑者起點呈階梯狀，且只能在自己的那一道跑，直到第四棒的跑者在接棒後，方可搶跑道，所以一開始被安排在較外圈的跑者，如何奪得先機快速地回到最內圈，是獲勝的關鍵。

　　希路學院即將進行今年度的大隊接力比賽，他們的操場與跑道，如圖一所示。跑道是由直線與半圓跑道組成，每條跑道寬度皆為 1 公尺，直線跑道長度皆為 85 公尺[1]，且最內圈第一道跑道的總長度為 400 公尺。跑道上標示了兩條白線，皆位在半圓跑道起點，即跑道剛開始轉彎處。

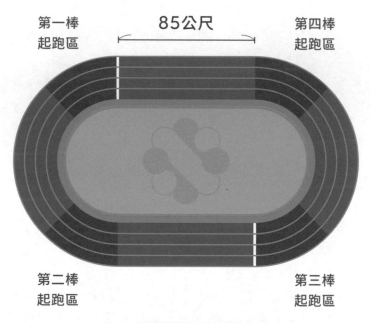

圖一 希路學院的操場與跑道

　　比賽開始前，最內圈第一道的第一棒、第三棒跑者分別站在兩條白線位置，且比賽期間，假設每位跑者都跑在跑道的正中間。讓我們一起來看看，如何奪得大隊接力的比賽優勢吧！

01 請問每條跑道的「半圓跑道」長度是否皆相同？

　　　　⬤ 是　　⬤ 否

---

[1] 標準田徑 400 公尺跑道中，半圓跑道半徑約為 36.5 公尺，直線跑道長度約為 84.39 公尺，寬度約為 1.2 公尺。為方便計算，跑道以寬度 1 公尺、直線跑道長度為 85 公尺設計。

( ) 02 在第一道完整跑一圈的距離，與第四道跑一圈的距離相差多少公尺？

A) 3π

B) 4π

C) 5π

D) 6π

( ) 03 位在外圈第四道的<u>埼玉</u>是負責搶跑道的第四棒。根據比賽規定，從半圓跑道剛進入直線跑道時，就可以搶跑道，且下一棒跑者起跑的位置，就在第一道的第一棒跑者起跑的白線位置。<u>埼玉</u>打算在剛進入直線跑道時，就直直地跑向下一棒跑者的位置，其路線如圖二所示。

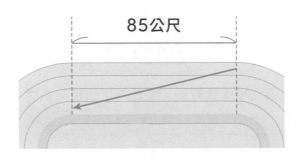

85公尺

圖二 <u>埼玉</u>搶跑道的路線

請問下列哪個選項是他跑的距離？

A) $\sqrt{6724}$ 公尺

B) $\sqrt{7216}$ 公尺

C) $\sqrt{7234}$ 公尺

D) $\sqrt{7744}$ 公尺

04 比賽結束後，埼玉的同學問道：「剛才搶跑道時，怎麼不先跑到第一道，再直直往前跑呢？」埼玉想起平時練習的經驗，老師有跟大家討論這兩種路線的差異。這兩種搶跑道的路線，如圖三所示。

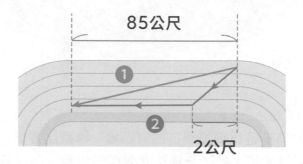

85公尺

2公尺

路線	圖例	說明
1	⟶	直直地跑向下一棒的位置。
2	⟶	先跑到第一道，再直直地跑向下一棒的位置。

圖三 兩種搶跑道的路線

承上題，到底埼玉所跑的路線 1 比較短，還是同學所說的路線 2 比較短呢？請合理說明或詳細解釋你的看法。

◆ 說明：

延伸學習 1　延伸學習 2

題目資訊

內容領域　○ 數與量(N)　● 空間與形狀(S)　○ 變化與關係(R)　○ 資料與不確定性(D)

數學歷程　○ 形成　● 應用　○ 詮釋

情境脈絡　● 個人　○ 職業　○ 社會　○ 科學

學習重點	學習內容	S-6-3	圓周率、圓周長、圓面積、扇形面積
		S-8-6	畢氏定理
	學習表現	s-III-2	認識圓周率的意義，理解圓面積、圓周長、扇形面積與弧長之計算方式。
		s-IV-7	理解畢氏定理與其逆敘述，並能應用於數學解題與日常生活的問題。

QUESTION 2-3
挑選最省紙張的包裝法

逢年過節，大家常常會互相送禮物。一張漂亮的包裝紙，搭配精緻的包裝方式，會讓收禮者更開心、更期待拆開禮物。<u>新一</u>在情人節時，想送<u>小蘭</u>一盒巧克力，如圖一所示。

圖一　巧克力禮盒

　　<u>新一</u>在挑選包裝紙時注意到，這得好好算一下。買太大張的包裝紙很浪費，可要是不夠大，還得跑一趟重買。他量了量巧克力盒，長、寬、高分別是 22 公分、22 公分、4 公分。一起來幫<u>新一</u>挑張合適的包裝紙吧！

<u>01</u> 把此巧克力禮盒想像成一個長方體，請問下圖二是否為這個長方體的展開圖？
　　　 是　　 否

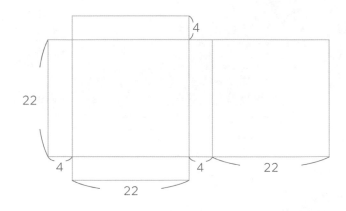

圖二　禮盒展開圖

( ) 02 常見的包裝方式會先用包裝紙環繞盒子的一圈後，以膠帶固定，再將上下方的包裝紙內摺，如圖三所示。

圖三　包裝方法

為了不浪費，<u>新一</u>通常會把包裝紙的長度裁得剛剛好，讓從上、下方內摺的部分都恰好能包覆禮物盒，承上題，請問應選用下列哪一張包裝紙大小才足夠？

A）長 26 公分，寬 26 公分

B）長 44 公分，寬 26 公分

C）長 48 公分，寬 30 公分

D）長 52 公分，寬 30 公分

( ) 03 <u>新一</u>發現這個禮盒比較扁，按常見的包裝方式，兩邊的側面會留下一道很長的貼痕，不太好看。他想起童年摺紙時，常將色紙的 4 個頂點往中間對摺，如圖四所示。

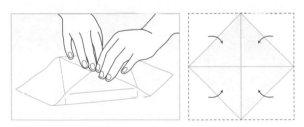

圖四　包裝方式與示意圖

他想用這個摺法來包正方形的禮盒，四個角向內摺後收好邊，會恰好完整覆蓋中間的小正方形。不過，他得先確定禮盒的對角線長度。請問下列何者最接近禮盒的對角線長度？（參考數值：$\sqrt{2} \fallingdotseq 1.4$，$\sqrt{3} \fallingdotseq 1.7$，$\sqrt{5} \fallingdotseq 2.2$）

A）32

B）37

C）44

D）48

04 但是禮盒有高度，因此還要預留一些區域來包覆禮盒的側面。新一打算從一部分的禮盒展開圖，來觀察禮盒高度的位置，如圖五所示。

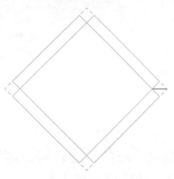

圖五　禮盒展開圖的一部分

他心想：「紅色線段的部分會恰好是禮盒的高度。」請問他的想法是否正確？

● 是　　● 否

( )05 承上題，新一該準備的包裝紙尺寸，如下圖六的黑色線段所示。

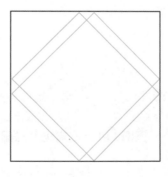

圖六　需要的包裝紙

請問新一該準備邊長多少的正方形包裝紙呢？(參考數值：$\sqrt{2}\fallingdotseq1.4$，$\sqrt{3}\fallingdotseq1.7$，$\sqrt{5}\fallingdotseq2.2$)

A）30

B）34

C）37

D）43

06 如果正方形禮盒的邊長為 ℓ，高度為 h，那麼圖三、圖四這兩種方法各會用掉多少面積的紙張呢？哪一種比較省紙呢？請合理說明或詳細解釋你的看法。

◆ 說明：

題目資訊

內容領域	◯數與量(N)	◉空間與形狀(S)	◯變化與關係(R)	◯資料與不確定性(D)

數學歷程	◯形成	◉應用	◯詮釋

情境脈絡	◉個人	◯職業	◯社會	◯科學

學習重點	學習內容	S-8-6	畢氏定理
		S-5-7	球、柱體與錐體：以操作活動為主
	學習表現	s-IV-7	理解畢氏定理與其逆敘述，並能應用於數學解題與日常生活的問題。
		s-II-4	在活動中，認識幾何概念的應用，如旋轉角、展開圖與空間形體。

QUESTION 2-4

維持電扶梯上的社交距離

Covid-19 疫情期間，政府宣導人與人應保持適當的社交距離，尤其在室內應至少相距 1.5 公尺。但該如何確定自己與身邊的人之間的距離呢？此時可善用周遭物品來估算，譬如：台階大小，甚至手臂長度都可以呢！

湯瑪士搭乘捷運通勤，經常與其他乘客一起排隊搭乘電扶梯。湯瑪士很在意自己是否跟前方的乘客保持適當的社交距離，心想：「我應該要離他多少個踏階，才能確保符合室內社交距離的規定呢？」他查了一下電扶梯踏階的尺寸[2]，如圖一所示。

電扶梯踏階尺寸
水平踏面寬度：100公分
水平踏面深度：40公分
垂直踢面高度：20公分

圖片來源：Pixels

圖一　電扶梯踏階的尺寸與側視圖

假設電扶梯踏階踢面對深度測量的誤差忽略不計，使得所有踏階的踏面與踢面，在側視圖中皆為互相垂直的線段。湯瑪士想利用這些尺寸資訊，推算與前方乘客的距離，以後他就能根據踏階的數量，估算出適當的社交距離囉！

01 根據圖一的側視圖，請判斷圖二中標示的尺寸是否與此電扶梯踏階的尺寸資訊吻合？
　　● 是　　● 否

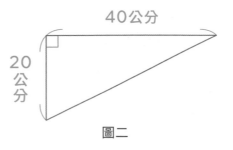

圖二

[2] 台北捷運電扶梯踏階的踢面高度為 210 釐米。此處為方便計算，簡化為 200 釐米＝20 公分。

( ) 02 <u>湯瑪士</u>想以每個踏階的邊緣為基準，來測量踏階之間的距離。以圖三為例，第 1 與第 2 踏階之間的距離即為 $\overline{AB}$。

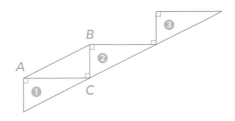

圖三　踏階之間距離計算

請問兩個相鄰踏階之間的距離為下列何者？

A) $\sqrt{(40-20)^2}$ 公分

B) $\sqrt{40^2-20^2}$ 公分

C) $\sqrt{40^2+20^2}$ 公分

D) $\sqrt{(40+20)^2}$ 公分

03 <u>湯瑪士</u>在計算距離的過程中想到，從連續的兩個踏階可以明顯看出形成一個直角三角形，但離更多個踏階時，要怎麼辦呢？承上題，若要直接計算圖三中第 1 與第 3 踏階之間的距離，應該要分成兩個三角形計算後再加總（圖四），或可直接連結成如圖五的大三角形計算就好呢？請合理說明或詳細解釋你的看法。

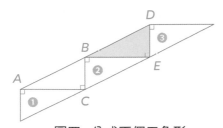

圖四　分成兩個三角形

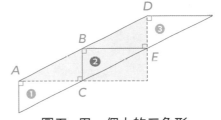

圖五　用一個大的三角形

◆ 說明：

04 湯瑪士習慣靠電扶梯右側站立搭乘,所以他考慮跟同樣靠電扶梯右側站立的前方乘客,是否有保持至少 1.5 公尺的距離。在上樓時,湯瑪士以他所站的前一踏階,與前方乘客所站的踏階之間距離,作為評估距離的依據;在下樓時,再以他所站的踏階,與前方乘客所站的後一踏階,作為評估距離的依據。評估距離的示意圖,如圖六所示,此時湯瑪士與前方乘客相距 2 個踏階。

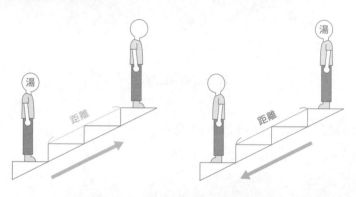

圖六　上、下樓評估距離的依據

承第 2、3 題,湯瑪士應與前方乘客至少相距多少個踏階,才能使他們之間的距離至少為 1.5 公尺?請合理說明或詳細解釋你的看法。

(參考數值: $\sqrt{2} \fallingdotseq 1.4$,$\sqrt{3} \fallingdotseq 1.7$,$\sqrt{5} \fallingdotseq 2.2$)

◆ 說明:

延伸學習

題目資訊

內容領域 ○數與量(N) ●空間與形狀(S) ○變化與關係(R) ○資料與不確定性(D)

數學歷程 ○形成 ●應用 ○詮釋

情境脈絡 ●個人 ○職業 ○社會 ○科學

學習重點	學習內容	S-7-2	三視圖
		S-8-6	畢氏定理
	學習表現	s-IV-7	理解畢氏定理與其逆敘述，並能應用於數學解題與日常生活的問題。
		s-IV-16	理解簡單的立體圖形及其三視圖與平面展開圖，並能計算立體圖形的表面積、側面積及體積。

QUESTION 2-5

搜尋寶可夢的位置

Pokemon GO 是一款擴增實境的手機遊戲，玩家用手機在路上捕捉隨機出現、靜止不動的寶可夢。為了鼓勵玩家四處尋找寶可夢，當寶可夢與玩家距離不超過 40 公尺時，遊戲畫面就會顯示寶可夢的影子，提醒玩家前去找它。

宗次打算去買飲料，來到路口時，一旁標示前方 20 公尺處有便利商店。此時，宗次的遊戲畫面有顯示一隻寶可夢的影子。他往前繼續走，抵達便利商店時，這隻寶可夢的影子持續顯示在遊戲畫面上。

宗次決定先來捕捉這隻寶可夢，但比起邊看著手機畫面邊找，他想嘗試用比較有效率的方式。如果他能先確定往哪個方向走，或許就有機會直接抵達這隻寶可夢所在的位置。跟著宗次一起想想辦法，怎樣更快速地找到寶可夢吧！

<u>01</u> 根據 Pokemon GO 的遊戲設計，若<u>宗次</u>站在圖一中 A 點的位置，則手機是否能感應到位在 B 點的寶可夢？

● 是　　● 否

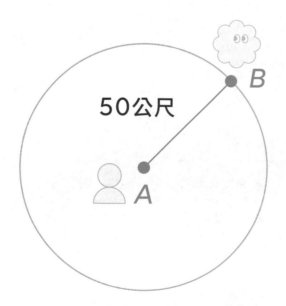

50公尺

圖一　位在 A 點的<u>宗次</u>與位在 B 點的寶可夢

（　）02 宗次拿了一張方格紙，想先把路口與便利商店的相對位置標示出來。他先在紙上畫了一個坐標平面，並以路口位置當作原點，以 y 軸正向為正北方，以一個方格當作 1 單位長，再根據便利商店方位，將其位置標示上去，如右圖二所示。

請問下列何者表示便利商店在此坐標平面上的坐標？

A）(4, 4)

B）(−4, 4)

C）(−4, −4)

D）(4, −4)

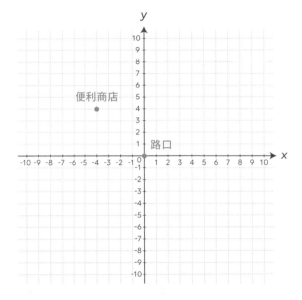

圖二　坐標平面上路口與便利商店的位置

03 承上題，請根據路口與便利商店的實際距離，合理說明或詳細解釋此坐標平面 1 單位長相當於實際距離多少公尺？

答：＿＿＿＿＿＿＿公尺

◆ 說明：

04 宗次從朋友們分享的情報中，發現這附近常有寶可夢出沒的地方有兩個。他將這些地點以 C、D 標示在方格紙的坐標平面上，如圖三所示。

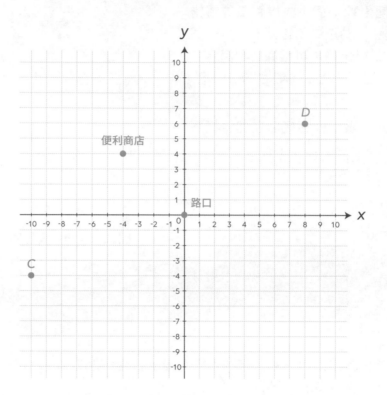

圖三　常有寶可夢出沒的兩個地點

承第 2、3 題，假設這隻寶可夢一直都在那邊，請問它最有可能在 C、D 點中的哪一個位置，並合理說明或詳細解釋你的看法。

(參考數值：$\sqrt{2} \doteqdot 1.4$，$\sqrt{29} \doteqdot 5.4$，$\sqrt{37} \doteqdot 6.1$)

◆ 說明：

延伸學習

題目資訊

內容領域 ○數與量(N) ○空間與形狀(S) ●變化與關係(R) ○資料與不確定性(D)

數學歷程 ○形成 ●應用 ○詮釋

情境脈絡 ○個人 ○職業 ●社會 ○科學

學習重點	學習內容	G-7-1	平面直角坐標系
		S-8-12	尺規作圖與幾何推理
		G-8-1	直角坐標系上兩點距離公式
	學習表現	s-IV-13	理解直尺、圓規操作過程的敘述,並應用於尺規作圖。
		g-IV-1	認識直角坐標的意義與構成要素,並能報讀與標示坐標點,以及計算兩個坐標點的距離。

歷屆會考考題

107 年會考非選擇題第 2 題

嘉嘉參加機器人設計活動，需操控機器人在 **5×5** 的方格棋盤上從 **A** 點行走至 **B** 點，且每個小方格皆為正方形。主辦單位規定了三條行走路徑 **R₁**、**R₂**、**R₃**，其行經位置如圖（十六）與表（三）所示：

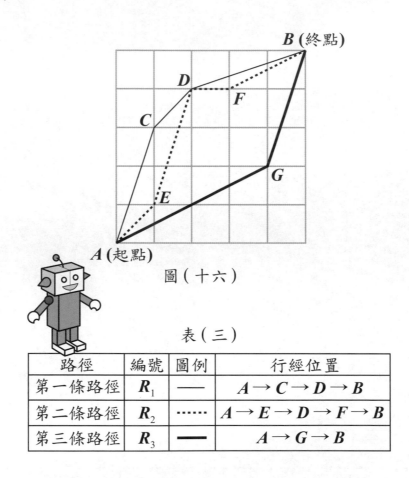

圖（十六）

表（三）

路徑	編號	圖例	行經位置
第一條路徑	R_1	——	$A \to C \to D \to B$
第二條路徑	R_2	......	$A \to E \to D \to F \to B$
第三條路徑	R_3	——	$A \to G \to B$

已知 **A**、**B**、**C**、**D**、**E**、**F**、**G** 七點皆落在格線的交點上，且兩點之間的路徑皆為直線，在<u>無法</u>使用任何工具測量的條件下，請判斷 **R₁**、**R₂**、**R₃** 這三條路徑中最長與最短的路徑分別為何？請寫出你的答案，並完整說明理由。

參考答案：

依題意，假設每個方格邊長為 1 單位長，各路徑的長度如下：

R_1：$\sqrt{1^2+3^2}+\sqrt{1^2+1^2}+\sqrt{3^2+1^2}=\sqrt{2}+2\sqrt{10}$

R_2：$\sqrt{1^2+1^2}+\sqrt{1^2+3^2}+1+\sqrt{2^2+1^2}=1+\sqrt{2}+\sqrt{5}+\sqrt{10}$

R_3：$\sqrt{4^2+2^2}+\sqrt{1^2+3^2}=2\sqrt{5}+\sqrt{10}$

R_1 和 R_2 比較：$(1+\sqrt{2}+\sqrt{5}+\sqrt{10})-(\sqrt{2}+2\sqrt{10})=1+\sqrt{5}-\sqrt{10}$

因為 $(1+\sqrt{5})^2=6+2\sqrt{5}>6+2\times2=10=(\sqrt{10})^2$，

所以 $1+\sqrt{5}>\sqrt{10}$，即 $R_2>R_1$

R_2 和 R_3 比較：$(1+\sqrt{2}+\sqrt{5}+\sqrt{10})-(2\sqrt{5}+\sqrt{10})=1+\sqrt{2}-\sqrt{5}$

因為 $(1+\sqrt{2})^2=3+2\sqrt{2}>3+2\times1=5=(\sqrt{5})^2$，

所以 $1+\sqrt{2}>\sqrt{5}$，即 $R_2>R_3$

R_1 和 R_3 比較：$(2\sqrt{5}+\sqrt{10})-(\sqrt{2}+2\sqrt{10})=2\sqrt{5}-(\sqrt{2}+\sqrt{10})$

因為 $(\sqrt{2}+\sqrt{10})^2=12+4\sqrt{5}>12+4\times2=20=(2\sqrt{5})^2$，

所以 $\sqrt{2}+\sqrt{10}>2\sqrt{5}$，即 $R_1>R_3$

綜合上述，可推得 $R_2>R_1>R_3$

故最長為 R_2（第二條路徑）、最短為 R_3（第三條路徑）

單元三　因式分解

UNIT THREE

學習重點回顧

1 **因式與倍式**：假設 A、B、C 為三個不為 0 的多項式。若 A 能被 B 整除，即存在 C 使得 A＝B×C，則稱 B、C 為 A 的因式，稱 A 為 B、C 的倍式。

2 **因式分解的意義**：把一個多項式，拆成多個更小次方的多項式相乘，且這些拆解後的每個多項式，無法再被分解成更小次方的多項式時，這個過程稱為因式分解。

3 **因式分解的方法**：假設 A、B、C 為三個不為 0 的多項式，

提公因式：多項式 A×B＋A×C 中，可提出公因式 A，得 A×(B＋C)。

利用乘法公式：

- 多項式 A^2-B^2，可利用平方差公式因式分解為 $(A+B)(A-B)$
- 多項式 $A^2+2AB+B^2$，可利用和的平方公式因式分解為 $(A+B)^2$
- 多項式 $A^2-2AB+B^2$，可利用差的平方公式因式分解為 $(A-B)^2$

利用十字交乘法：假設 a、b、c、p、q、r、s 皆為整數。二次多項式 ax^2+bx+c 中，若 a＝pr，c＝qs，且 b＝ps＋qr，則 $ax^2+bx+c＝(px+q)(rx+s)$

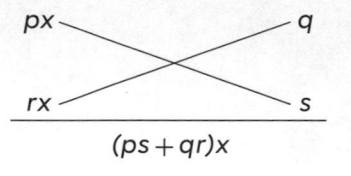

數學知識檢核

因式與倍式

① 下列哪些是 $2x^2+4x-6$ 的因式？＿＿＿＿＿

  A 2

  B $x-1$

  C $x+1$

  D $x-3$

  E $x+3$

  F $x-2$

  G $2x+1$

  H $2x-3$

  I $x+6$

② 判別 $x+2$ 是否為 $2x^2+x-8$ 的因式？　●是　●否

③ 已知 $3x^2-8x+k$ 是 $x-2$ 的倍式，求 k 值為何？＿＿＿＿＿

提公因式作因式分解

① 請因式分解 $12x^2+15x=$＿＿＿＿＿＿＿＿

② 請因式分解 $(x-1)(x+2)-(x+1)(2x+4)=$＿＿＿＿＿＿＿＿

③ 請因式分解 $(x+5)^2-3x-15=$＿＿＿＿＿＿＿

④ 已知多項式 ax^2+4x+b 可因式分解為 $(5x-1)(x+1)$，求 a、b 之值分別為何？

_____

利用乘法公式作因式分解

① 請因式分解 $x^2-12x+36=$ _____

② 請因式分解 $49-(2x+5)^2=$ _____

③ 請因式分解 $9x^2+24x+16=$ _____

④ 承上題，因式分解 $(x-1)^2-(9x^2+24x+16)=$ _____

利用十字交乘法作因式分解

① 若二次多項式 $x^2-10x+9$ 可以因式分解為 $(x+a)(x+b)$，則 $a+b=$ _____

② 若二次多項式 $x^2+7x+12$ 可以因式分解為 $(x+a)(x+b)$，則 $a \cdot b=$ _____

③ 若二次多項式 x^2+ax-8 可以因式分解為 $(x+b)(x-2)$，則 $a+b=$ _____

④ 請因式分解 $10x^2+39x+14=$ _____

QUESTION 3-1

發掘印度數學寶典的奧秘

　　印度人的數學能力是舉世聞名的好。說到印度數學，就不能不提經典心算大全《吠陀數學》。灰原求知慾很強，讀了此書後學會心算的秘訣，提出跟柯南比賽兩位數的乘法運算，看誰能最快算出答案。

　　為了公平，灰原讓柯南負責出「被乘數」，自己再出「乘數」，設計出三道題目，如下圖一。

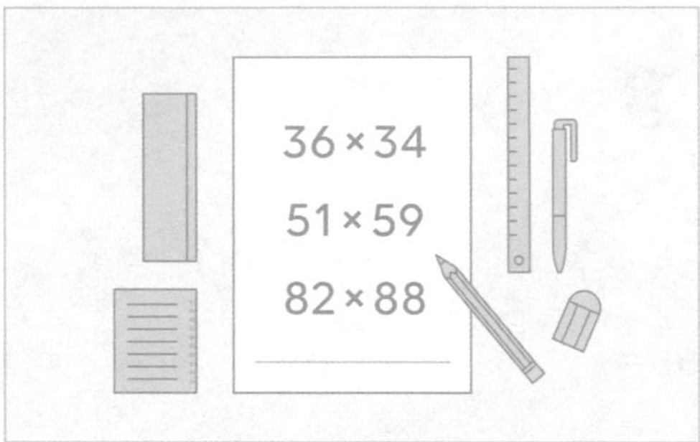

$$36 \times 34$$
$$51 \times 59$$
$$82 \times 88$$

圖一　比賽的題目

　　灰原不到 10 秒就算出所有的答案，獲得比賽勝利！柯南相當驚訝，向灰原請教她怎麼做到的，因此灰原說明了書中 36×34 的計算三步驟：

❶ 6×4＝24

❷ 3×(3+1)＝12

❸ 答案是 12×100+24＝1224

　　柯南被勾起好奇心，想用偵探精神探索其中的原理。讓我們跟著柯南，一起來了解吧！

01 柯南認為這三道題目有個共通點：「每道題目中，被乘數與乘數的十位數字都相同。」請判斷柯南的想法是否正確？

　　　◉是　　◉否

02 柯南另列了一個式子 24×20，他仿照灰原的步驟，先把個位數字相乘，再處理十位數字，請判斷算出來的答案是否跟正確答案相同，並合理說明或詳細解釋你的看法。

　　　◉是　　◉否

◆ 說明：

（　）03 柯南發現圖一中的題目還有第二個共通點：「乘數與被乘數的個位數字相加都是 10。」灰原看柯南順利找出了兩個共通點，決定教柯南心算的原理。灰原先假設被乘數的十位數字是 a、個位數字是 b，並以柯南發現的第一個共通點解釋：「因為被乘數與乘數的十位數字都相同，所以乘數的十位數字也是 a。」接著，她讓柯南根據第二個共通點，試著把乘數的個位數字以 b 表示出來。請問柯南表示出的式子應為下列何者？

A）$10+a$

B）$10-a$

C）$10+b$

D）$10-b$

04 灰原將柯南的式子整理後，列出了《吠陀數學》裡的公式運算過程，其中有一些留白。根據多項式的運算規則，請你與柯南一起完成下列的運算過程（請在括號中填入數字或式子）。

$(10a+b) \times [10a+(10-b)]$

$=100a^2+(\qquad)a-10ab+(\qquad)ab+b(10-b)$

$=100a(\qquad)+b(\qquad)$

題目資訊

內容領域 ○數與量(N) ○空間與形狀(S) ◉變化與關係(R) ○資料與不確定性(D)

數學歷程 ○形成 ◉應用 ○詮釋

情境脈絡 ◉個人 ○職業 ○社會 ○科學

學習重點	學習內容	A-8-3 A-8-4	多項式的四則運算 因式分解
	學習表現	a-IV-5 a-IV-6	認識多項式及相關名詞，並熟練多項式的四則運算及運用乘法公式。 理解一元二次方程式其解的意義，能以因式分解和配方法求解和驗算，並能運用到日常生活的情境解決問題。

揭曉憑空出現的方塊謎團

　　<u>樹絲卡</u>收到朋友送的一個魔術拼圖,這個拼圖有一個擺放正方形的凹槽。正方形上有一組互相垂直的直線,通過它的正中心 O 點,將其切割成四塊,如圖一所示。

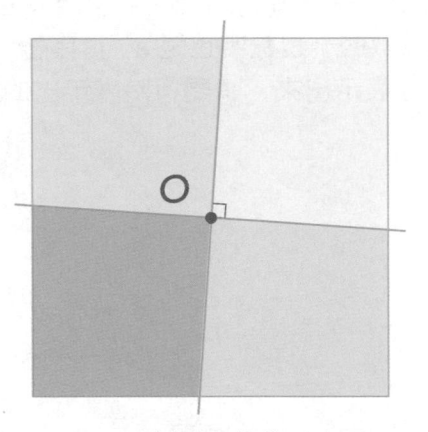

圖一 切割成四塊的正方形

　　他旋轉這四塊,把原本的 O 點往外,變成正方形的四個頂點。重新排列後的正方形,可以擺回原本的凹槽,但正中央居然出現了空位,如圖二所示。

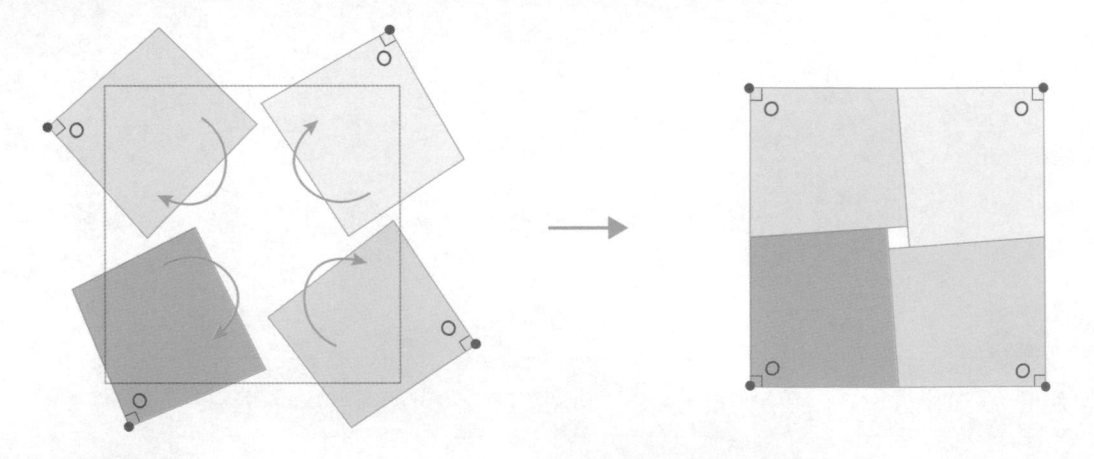

圖二 重新排列後的正方形

　　<u>樹絲卡</u>覺得很不可思議,明明重新排列前、後的正方形,看起來都剛好能放入同一個凹槽,怎麼會憑空出現一個空位呢?

01 請問圖一中兩條互相垂直的直線，它們之間的四個夾角是否都等於 90°？

　　　● 是　　● 否

( ) 02 互相垂直的直線，在原本的正方形內部形成 4 條線段，如圖三所示。

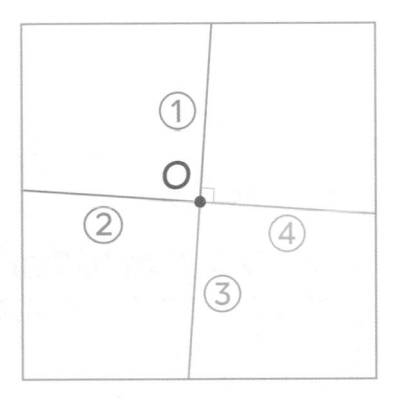

圖三 垂直直線在正方形內部形成 4 條線段

樹絲卡測量這些線段後，發現它們都等長。假設這些線段的長度為 a，根據圖二重新排列後的結果，請問下列選項中，哪一個能正確表示重新排列後的正方形邊長？

A）a

B）2a

C）4a

D）8a

( ) 03 樹絲卡先試著比較重新排列前、後的正方形面積。假設原本的正方形邊長為 b，承上題，根據重新排列的過程，請問下列選項中，哪一個能正確表示重新排列後出現的空位面積？

A）$2a^2-b^2$

B）b^2-2a^2

C）$4a^2-b^2$

D）b^2-4a^2

04 承上題，請將空位的面積二次式，分解成兩個一次式相乘，並合理說明或詳細解釋你分解的過程。

> ◆ 說明：

05 樹絲卡將空位的面積二次式分解後，發現了解開謎團的線索！承上題，請根據分解的結果，合理說明或詳細解釋，中間會多一塊空位，其實關鍵是因為「重新排列前、後的正方形邊長不一樣長」。（提示：空位的面積是一個正數，且因 a、b 為邊長，也是正數）

> ◆ 說明：

題目資訊

內容領域	○數與量(N) ○空間與形狀(S) ●變化與關係(R) ○資料與不確定性(D)
數學歷程	○形成 ○應用 ●詮釋
情境脈絡	●個人 ○職業 ○社會 ○科學

學習重點	學習內容	A-8-5	因式分解的方法
	學習表現	a-IV-6	理解一元二次方程式及其解的意義，能以因式分解和配方法求解和驗算，並能運用到日常生活的情境解決問題。

單元四 一元二次方程式

UNIT FOUR

一元二次方程式

學習重點回顧

① **一元二次方程式**：若方程式經移項化簡後，可整理成 $ax^2+bx+c=0$ 的形式，其中 a、b、c 皆為常數且 $a\neq0$，則稱 $ax^2+bx+c=0$ 為一元二次方程式。

② **一元二次方程式的解**：若將一元二次方程式中的未知數代入一數，使得等式依然成立，則此數稱為此一元二次方程式的解。例如：將 $x=5$ 代入一元二次方程式 $x^2-2x-15=0$ 中，可得 $25-10-15=0$，故 $x=5$ 為 $x^2-2x-15=0$ 的解。

③ **一元二次方程式的解法**：假設 $ax^2+bx+c=0$ 為一元二次方程式，

利用因式分解：若 $ax^2+bx+c=A\times B$，其中 A、B 為兩個一次多項式，則可利用「若 $A\times B=0$，則 $A=0$ 或 $B=0$」來求解。

利用配方法：假設 m、n 為二數，且 $n\geq0$

- 二次多項式 x^2+mx，加上 $\left(\dfrac{m}{2}\right)^2$ 後，可配成完全平方式 $\left(x+\dfrac{m}{2}\right)^2$；
  二次多項式 x^2-mx，加上 $\left(\dfrac{m}{2}\right)^2$ 後，可配成完全平方式 $\left(x-\dfrac{m}{2}\right)^2$

- 若一元二次方程式可轉換成 $(x+m)^2=n$，則 $x+m=\pm\sqrt{n}$，可解出 $x=-m+\sqrt{n}$ 或 $x=-m-\sqrt{n}$

利用公式解：

- $ax^2+bx+c=0$ 的公式解為 $x=\dfrac{-b\pm\sqrt{b^2-4ac}}{2a}$，其中 b^2-4ac 為 $ax^2+bx+c=0$ 的判別式

- 當 $b^2-4ac>0$ 時，$\dfrac{-b\pm\sqrt{b^2-4ac}}{2a}$ 為相異兩數，$ax^2+bx+c=0$ 有相異兩解
  當 $b^2-4ac=0$ 時，$(x+\dfrac{b}{2a})^2=0$，即 $x=-\dfrac{b}{2a}$，$ax^2+bx+c=0$ 有相同兩解（重根）
  當 $b^2-4ac<0$ 時，$ax^2+bx+c=0$ 無解

❹ 一元二次方程式的應用：

假設未知數

列出方程式

解方程式

依題意回答問題（注意解的合理性）

NOTE

數學知識檢核

一元二次方程式及其解的意義

(　)① 若方程式為 $2x^2-x-15=0$，請問下列哪個數字是該方程式的解？

    Ⓐ 1

    Ⓑ 2

    Ⓒ 3

    Ⓓ 4

② 若方程式 $x^2+ax+5a=0$ 的其中一解為 -2，則 a 值為何？ _____

利用因式分解法解一元二次方程式

① 請求出 $(2x-3)(x+6)=0$ 的解。 _____

② 請求出 $(x-2)^2=(x-2)(-x+3)$ 的解。 _____

③ 請求出 $(-5x+2)^2=16(x-1)^2$ 的解。 _____

④ 請求出 $x^2-7x+12=0$ 的解。 _____

利用配方法解一元二次方程式

① 方程式 $x(x+6)-891=0$ 藉由配方法可得 $(x+a)^2=900$，請問 a 值為何？

_____

② 若一元二次方程式 $2x^2-28x+k=0$ 可配方成 $(x-7)^2=4$，則 k 值為何？

_____

③ 請求出 $9x^2-6x=8$ 的解。 _____

利用公式解一元二次方程式

① 請問方程式 $x^2+7x+15=0$ 解的情況為何？（相異兩解、相同兩解或無解）

　　_____

② 請求出 $16x^2-8x-1=0$ 的解。　_____

③ 請求出 $-\dfrac{2}{5}x^2+x-\dfrac{1}{2}=0$ 的解。　_____

一元二次方程式的應用問題

（　）① 悅悅帶了 200 元去買每支 x 元的原子筆，買了 (x+3) 支，並找回 20 元。依題意可列出下列哪一方程式？

　　Ⓐ $x(x+3)=200+20$

　　Ⓑ $x(x-3)=200+20$

　　Ⓒ $x(x+3)=200-20$

　　Ⓓ $x(x-3)=200-20$

（　）② 如圖，有一塊長方形土地面積為 720 平方公尺，中間規劃了一塊長方形果園，長為 32 公尺，寬為 20 公尺，並在四周架設等寬的步道，其寬度為 x 公尺。請判斷下列哪一個選項中的方程式成立？

　　Ⓐ $(32+2x)(20+2x)=720$

　　Ⓑ $(32+x)(20+x)=720$

　　Ⓒ $2(32+2x)+2(20+2x)=720-20\cdot32$

　　Ⓓ $2(32+x)+2(20+x)=720-20\cdot32$

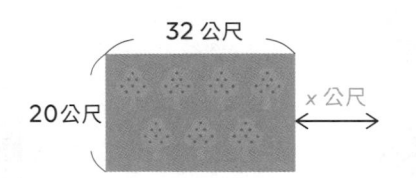

③ 若威威 20 年前年齡的平方，恰好為現在的 10 倍，則威威現在幾歲？　_____

移動卡住全世界的塞子

2021 年 3 月 23 日，長榮海運貨船長賜號，在一陣強風吹拂下，陷進了岸邊的淤泥，橫卡在連接地中海及紅海的蘇伊士運河，化身歐亞大陸間的塞子，堵住了世界貿易的流動。氣象專家孔明，剛好到埃及參加研討會。遇到這股怪風，他心想：「根據我早上感受到的強勁風力，這陣風似乎會釀成大禍啊。」

氣象局提供了風力級數與風速的對照表，能讓他能推測當前的風力級數，如表一所示。

表一　級數與風速對照表

風力級數	風速（公尺／秒）	陸上情況
5	8～10.7	有葉的小樹整棵搖擺
6	10.8～13.8	大樹枝搖擺，持傘有困難
7	13.9～17.1	全樹搖動，迎風前行有困難
8	17.2～20.7	小樹折斷，人行前阻力甚大

如果能得知精準的風速，可以進一步計算出風壓，也就是對每平方公尺施以多少公斤重的風力，換算方式如下：

$$風壓 = \frac{風速^2}{16}$$

風速單位：公尺／秒，風壓單位：公斤重／平方公尺

請你和孔明一起運用數據，解決這個怪風問題吧。

( )　01　當天早上出門時，孔明的太太撐著陽傘和他一起前往研討會現場。太太抱怨著再不快收傘，傘就會被吹壞，又被抖動的大樹枝撥掉帽子。根據此描述，請判斷當時的風力大約是幾級呢？

A) 5

B) 6

C) 7

D) 8

(　) 02 孔明在半路上看到新聞報導，決定轉往現場關心情況。此時，風力又變得更強了。孔明從同事傳來的數據得知，當時的風速是每秒 20 公尺。請問這樣的風速對每平方公尺施以多少公斤重的力？

A）1.25

B）2.5

C）20

D）25

(　) 03 長賜號船長 400 公尺、高 57 公尺，站在岸邊數著往上堆的貨櫃，幾乎都堆到 9 個那麼高，如圖一所示。已知一個貨櫃高 2.7 公尺，孔明把船的側身加貨櫃側面合起來，假設是一個巨大長方形來做估算，請幫孔明算算看，船身側面加上堆高的貨櫃，面積總共是多少平方公尺呢？

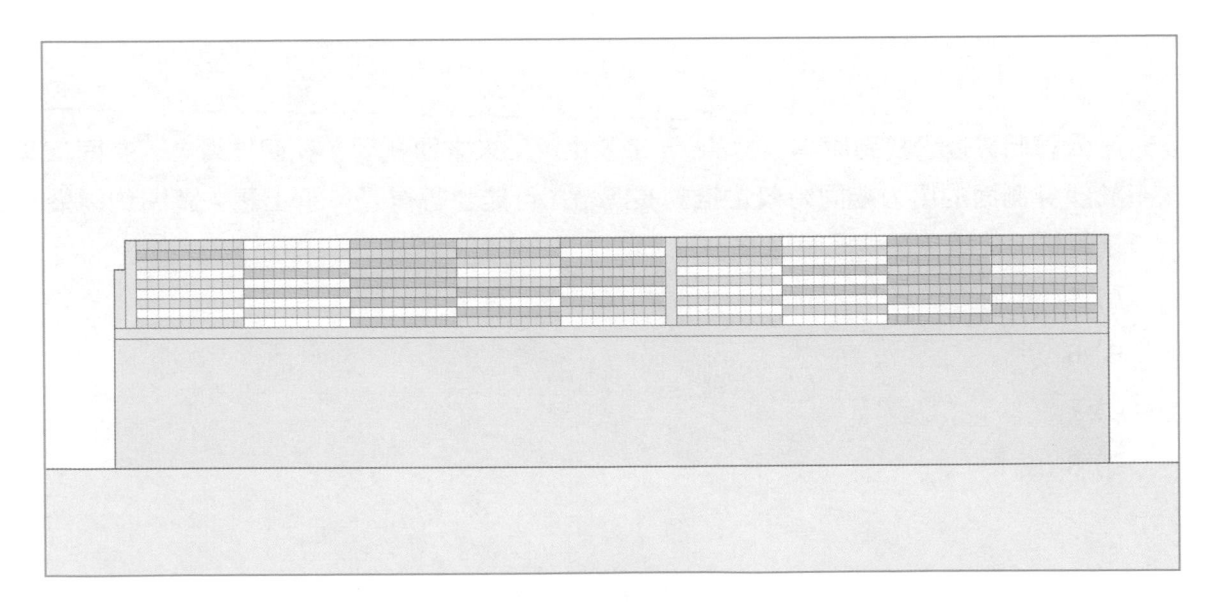

圖一　長賜號側面圖

A）22800

B）23880

C）32520

D）61560

( ) <u>0</u>4 當時的強風導致<u>長賜號</u>轉向卡住了。<u>孔明</u>假設把<u>長賜號</u>拉出泥淖所需的力，和當初被風吹動的力一樣大，他建議船公司們請到足夠的人來推動<u>長賜號</u>，早日恢復運河通行。承第 2、3 題，已知「風的作用力 = 風壓 × 施力面積」，假設強風垂直吹向船身的側面，平均一個成人的推力有 20 公斤重。請問強風作用在船身側面的力，相當於幾個成人的推力呢？

A）28500

B）29750

C）40650

D）76950

( ) <u>0</u>5 船公司們最後只找到原本人力的 $\frac{3}{4}$ 來幫忙，又來求助<u>孔明</u>。<u>孔明</u>推算，若有同樣垂直於船身側面的風力能同時幫忙推動<u>長賜號</u>，可能也行得通。承上題，請問約需幾級風來幫忙，能讓<u>長賜號</u>擺脫泥淖？

A）5

B）6

C）7

D）8

延伸學習

題目資訊

內容領域 ○數與量(N) ○空間與形狀(S) ◉變化與關係(R) ○資料與不確定性(D)

數學歷程 ○形成 ○應用 ◉詮釋

情境脈絡 ○個人 ○職業 ◉社會 ○科學

學習重點

學習內容　A-8-7　一元二次方程式的解法與應用

學習表現　a-IV-6　理解一元二次方程式及其解的意義，能以因式分解和配方法求解和驗算，並能運用到日常生活的情境解決問題。

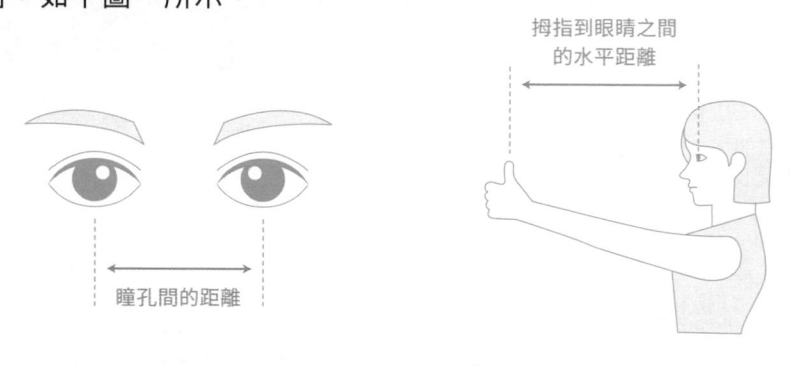

QUESTION 4-2
利用跳眼法測量距離

赤井秀一為一名特工，執行任務時，常常需要知道自己與目標的距離，但又不能慢慢去量，畢竟你也沒看過特工還帶把尺或是做土地丈量吧。赤井秀一查到古時軍隊有個快速的測距方式：「跳眼法」，使用步驟如下：

STEP 1 測量 2 個要使用的基準，第一個是「瞳孔間的距離」，第二個則是手臂平舉後，舉起姆指，再將手臂抬高至拇指在眼睛前方，測出「拇指到眼睛之間的水平距離」，如下圖一所示。

圖一　基準示意圖

STEP 2 把右手伸直比個讚，對準要量距離的物品。

STEP 3 閉上左眼，只用右眼看，拇指對準目標的中心點。

STEP 4 閉上右眼，只用左眼看，這時候拇指看起來會往右移，記下偏移多少量，如下圖二中的 c。

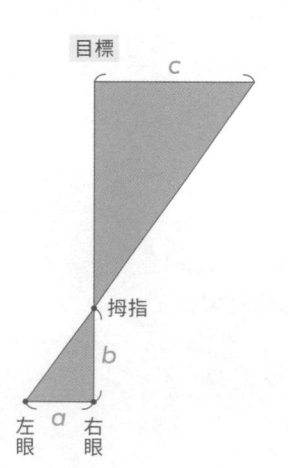

圖二　偏移量示意圖

STEP 5 想測量的距離＝偏移量 × $\dfrac{\text{拇指到眼睛之間的水平距離}}{\text{瞳孔間的距離}}$，即 $c \times \dfrac{b}{a}$。

( ) 01 <u>赤井秀一</u>首先測量了自己兩眼的距離約為 6 公分，拇指到眼睛之間的水平距離約為 60

公分，請問他的 $\dfrac{拇指到眼睛之間的水平距離}{瞳孔間的距離}$ 約是多少？

A）0.1

B）6

C）10

D）60

( ) 02 今天，<u>赤井秀一</u>埋伏在一棟建築裡，準備狙擊的對象，晚點會從對面大樓 1 樓走出來。
他將手跟頭轉 90 度，測量單獨睜開左眼與右眼睛時，拇指移動了「幾層樓」。量出來
的偏移量大約是 2 層樓。承上題，請問他和對面大樓的水平距離約是多少公尺？（以每
層樓高 3.2 公尺估算）

A）6

B）20

C）38

D）64

( ) 03 承上題，他位在相當於對面建築物的 20 層樓高處，請問他和對象的實際距離約是多少
公尺？

A）28

B）54

C）90

D）110

(　　) <u>04</u> 承上題，他手上的手槍有效射程僅 80 公尺，超過 80 公尺後命中率將大幅降低，請問他至少應該要下降幾層樓，目標才能進入有效射程內？

A) 不須下降

B) 5

C) 16

D) 112

題目資訊

內容領域　○數與量(N)　○空間與形狀(S)　◉變化與關係(R)　資料與不確定性(D)

數學歷程　○形成　○應用　◉詮釋

情境脈絡　○個人　◉職業　○社會　○科學

學習重點	學習內容	N-7-9	比與比例式
		S-8-6	畢氏定理
		A-8-7	一元二次方程式的解法與應用
	學習表現	n-IV-4	理解比、比例式、正比、反比和連比的意義和推理，並能運用到日常生活的情境解決問題。
		a-IV-6	理解一元二次方程式及其解的意義，能以因式分解和配方法求解和驗算，並能運用到日常生活的情境解決問題。
		s-IV-7	理解畢氏定理與其逆敘述，並能應用於數學解題與日常生活的問題。

QUESTION 4-3
推敲手作天燈的紙張大小

每年元宵節夜晚，許多民眾常前往平溪，參與施放天燈的儀式。大家在天燈上寫滿願望或祈福的話，施放到天空，希望願望能成真。

平溪天燈（圖片來源：Flickr；作者：幾架D）

樂佩很喜歡天燈飛滿夜空的絢爛景色，他想親手做一個天燈，在元宵節時施放。他得先知道要準備多大張的宣紙，才能圍住天燈的骨架。為了確定要剪下的形狀，他查了天燈的展開圖，如圖一所示。樂佩觀察到，展開圖是由 1 個正方形和 4 個相同的六邊形所組成。

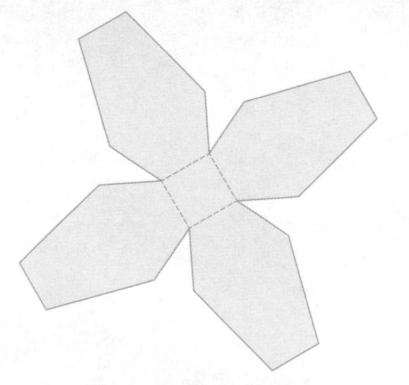

圖一　天燈的展開圖

01 根據圖一，請問天燈的宣紙只需要幾種圖形？

答：

(　　) 02 樂佩仔細觀察了六邊形，發現它可由兩個梯形所組成，如圖二梯形 ABCD、BEFC 所示。

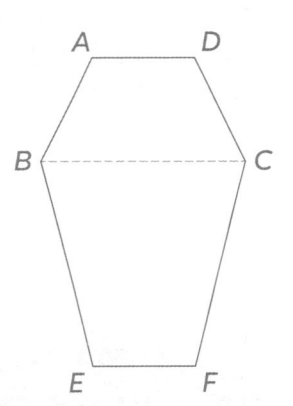

圖二　由兩個梯形組成的六邊形

他比較了兩個梯形後，發現它們各自的上下底邊長比皆為 1：2。假設圖一中的正方形邊長為 x 公分，請問下列以 x 表示的線段長度，何者完全正確？

A) $\overline{AD}$＝x 公分、$\overline{BC}$＝2x 公分、$\overline{EF}$＝x 公分

B) $\overline{AD}$＝x 公分、$\overline{BC}$＝2x 公分、$\overline{EF}$＝4x 公分

C) $\overline{AD}$＝2x 公分、$\overline{BC}$＝x 公分、$\overline{EF}$＝2x 公分

D) $\overline{AD}$＝4x 公分、$\overline{BC}$＝2x 公分、$\overline{EF}$＝x 公分

03 樂佩打算讓展開圖中的六邊形高度，維持在 150 公分，並利用展開圖的面積，來推算需要多大張的紙。承上題，請合理說明或詳細解釋，你如何以 x 列出天燈的宣紙面積。

◆ 說明：

（　）04 好朋友費林看著努力計算的樂佩說：「我以前做過同樣大小的天燈，雖忘記實際的大小數據，不過當時是花了 1.9 公升的顏料把它們塗滿喔，而且我記得 1 公升的顏料可以塗 25000 平方公分的面積！」根據列式與費林提供的資訊，樂佩可以著手進行了！如圖三所示，其中六邊形的一邊都跟紙張的邊緣重疊。

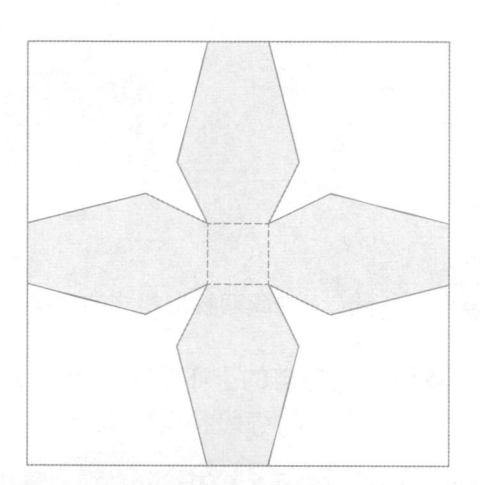

圖三　天燈展開圖放在紙張上的位置

已知樂佩要準備的是正方形的紙張。承上題，請問紙張的邊長要多少公分，才能依照圖三的方式，恰好放得下天燈的展開圖？

A）325

B）350

C）375

D）400

題目資訊

內容領域　○數與量(N)　○空間與形狀(S)　◉變化與關係(R)　○資料與不確定性(D)

數學歷程　○形成　○應用　◉詮釋

情境脈絡　○個人　○職業　◉社會　○科學

學習重點	學習內容	A-8-7	一元二次方程式的解法與應用
	學習表現	a-IV-6	理解一元二次方程式及其解的意義，能以因式分解和配方法求解和驗算，並能運用到日常生活的情境解決問題。

探討美國數奧教練發現的新公式解

　　飛哥覺得學校教的公式解很不好用，有天他在網路上看到，美國數學奧林匹亞競賽代表隊的教練羅博深分享了一道新公式解，只需要利用一元二次方程式的兩根之和，以及兩根相乘之後的結果（後以兩根之積統稱），幾乎用心算就解出方程式的根。好奇的飛哥決定一步步研究這個方法的奇妙之處，一起來跟他探索看看吧！

01 已知方程式為 $(x-1)(x+7)=0$，請問 1 是否是此方程式的其中一根？

　　　 是　　 否

02 飛哥心想，既然是利用兩根之和與兩根之積推導，那先找簡單一點的方程式來試試。他先解出一元二次方程式 $x^2-8x+12=0$ 的兩根，請問兩根之和與兩根之積的值為何？

兩根之和＝ 　　　　　　　　　　，兩根之積＝

03 承上題，飛哥發現算出來的結果，與原本方程式中的係數有關！假設方程式的一次項係數為 b、常數項 c，在下方空格填入以 b、c 表示的數。

兩根之和＝ $\dfrac{}{\text{二次項係數}}$ ，兩根之積＝ $\dfrac{}{\text{二次項係數}}$

04 既然兩根之和可以從係數中看出，那麼逆推回來假設兩根就輕鬆多了，可以假設其中一根比兩根之和的一半大一些，另一根則比兩根之和的一半小一些。飛哥先設定一個未知數 k，對於方程式 $x^2-8x+12=0$，就可得到兩根為 $4+k$、$4-k$。承第 2、3 題，請接著利用兩根之積解出 k 值應為多少？請合理說明或詳細解釋你的看法。

◆ 說明：

05 飛哥覺得非常神奇，他決定用之前算了好久的方程式 $x^2-40\sqrt{2}\,x+729=0$，體驗新公式解的威力。承第 2 ～ 4 題，請利用新公式解找出此方程式的兩根為何？請合理說明或詳細解釋你的看法。

◆ 說明：

延伸學習

題目資訊

內容領域	○數與量(N) ○空間與形狀(S) ◉變化與關係(R) ○資料與不確定性(D)

數學歷程	○形成 ◉應用 ○詮釋

情境脈絡	◉個人 ○職業 ○社會 ○科學

學習重點	學習內容	A-8-1　二次式的乘法公式 A-8-7　一元二次方程式的解法與應用
	學習表現	a-IV-5　認識多項式及相關名詞，並熟練多項式的四則運算及運用乘法公式。 a-IV-6　理解一元二次方程式及其解的意義，能以因式分解和配方法求解和驗算，並能運用到日常生活的情境解決問題。

歷屆會考考題

105 年新店高中考場重考非選擇題第 1 題

圖（十）為長方形紙片 **ABCD**，$\overline{AD}=26$，$\overline{AB}=22$，直線 **L**、**M** 皆為長方形的對稱軸。今將長方形紙片沿著 **L** 對摺後，再沿著 **M** 對摺，並將對摺後的紙片左上角剪下直角三角形，形成一個五邊形 **EFGHI**，如圖（十一）。最後將圖（十一）的五邊形展開後形成一個八邊形，如圖（十二），且八邊形的每一邊長恰好均相等。

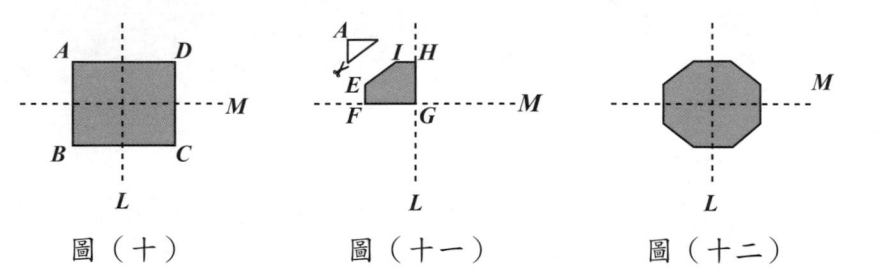

圖（十）   圖（十一）   圖（十二）

(1) 若圖（十一）中 $\overline{HI}$ 長度為 **x**，請以 **x** 分別表示剪下的直角三角形的兩股長。

(2) 請求出圖（十二）中八邊形的一邊長的數值，並寫出完整的解題過程。

參考答案：

(1) 兩股分別為 $\overline{AI}$ 和 $\overline{AE}$，

$$\overline{AI} = \frac{\overline{AD}}{2} - \overline{HI} = \frac{26}{2} - x = 13 - x$$

$$\overline{AE} = \frac{\overline{AB}}{2} - \overline{EF}$$，又根據題意，$\overline{EF} = \overline{HI}$，

故 $\overline{AE} = \frac{22}{2} - x = 11 - x$

(2) 利用直角 $\triangle AEI$ 的邊長關係以畢氏定理列式：

$\overline{AE}^2 + \overline{AI}^2 = \overline{EI}^2$，其中同為八邊形一邊長的 $\overline{EI} = 2x$

$(11-x)^2 + (13-x)^2 = (2x)^2$，

整理得 $x^2 + 24x - 145 = 0$

【解法一：配方法】

$(x+12)^2 = 145 + 144 = 289$

$(x+12)^2 = \pm 17$

【解法二：因式分解】

將其因式分解得

$(x-5)(x+29) = 0$

$x=5$ 或是 -29（-29 不合）

故八邊形一邊長為 $2x=10$

單元五　統計資料處理
UNIT FIVE

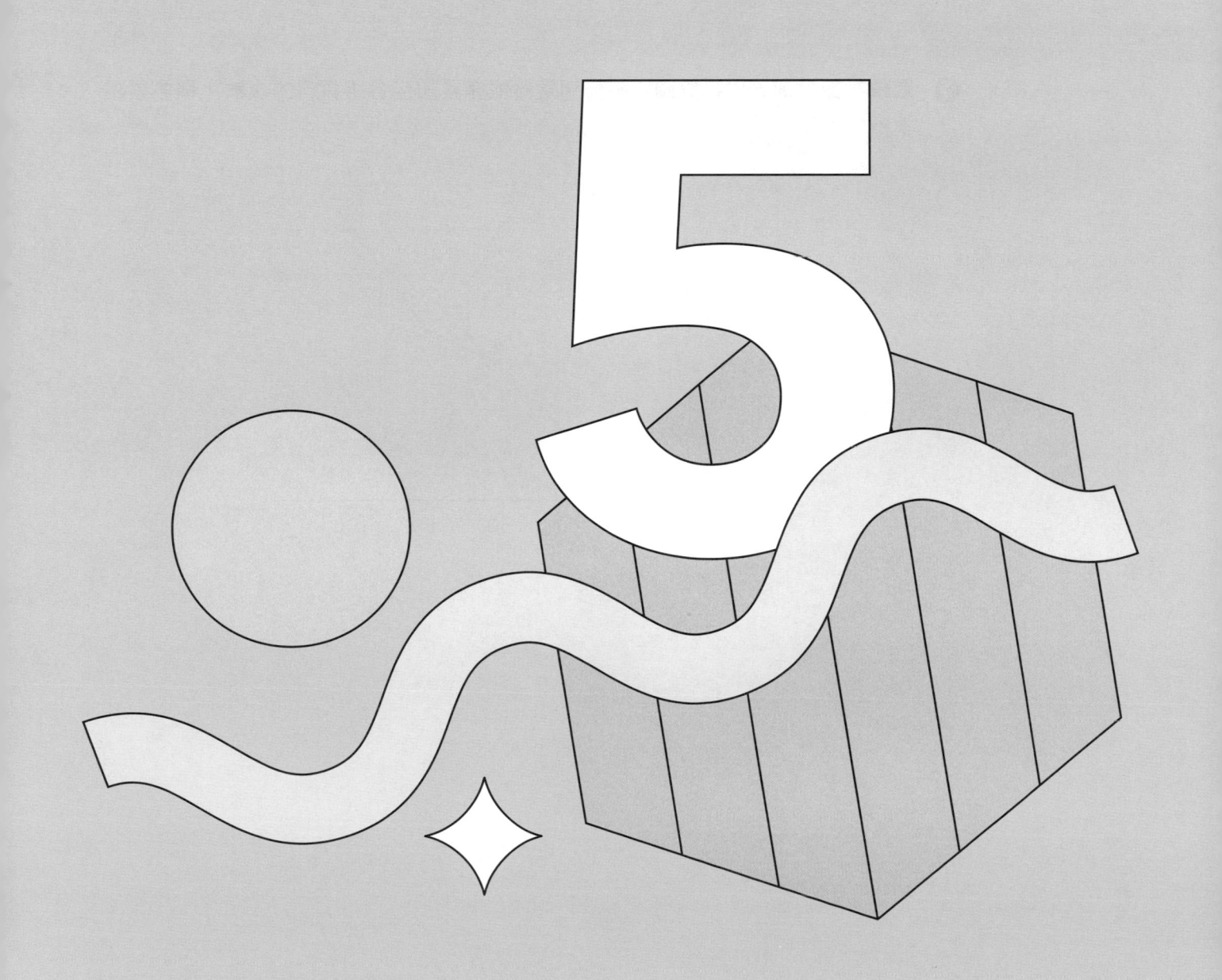

統計資料處理

學習重點回顧

分數（分）	次數（人）	累積次數（人）	相對次數（%）	累積相對次數（%）
0~20	1	1	3	3
20~40	6	7	20	23
40~60	8	15	27	50
60~80	4	19	13	63
80~100	11	30	37	100
合計	30		100	

❶ **累積次數分配表與折線圖**：將分組資料依序累加至各組資料的次數，稱為累積次數。

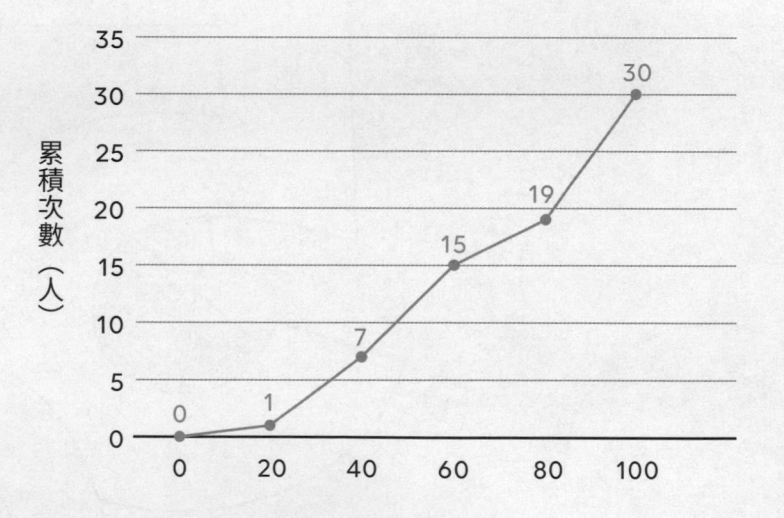

❷ **相對次數分配表與折線圖：**

將各組資料的次數除以總次數所得的比值，並用百分比表示，稱為相對次數。

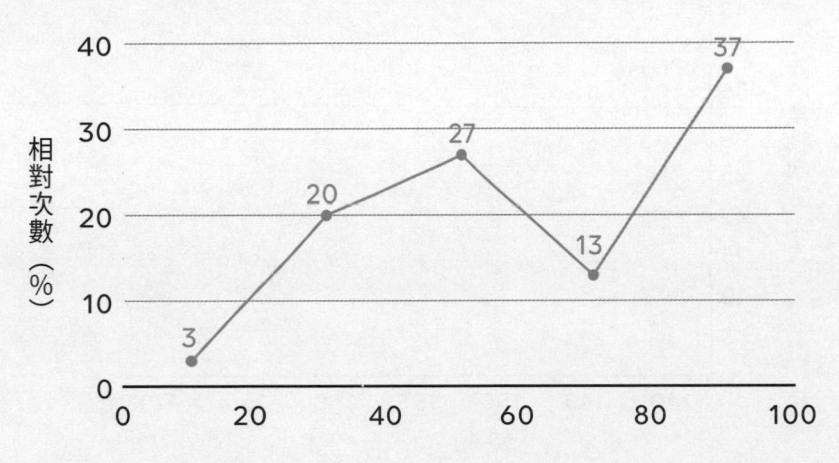

❸ **累積相對次數分配表與折線圖：**

將分組資料依序累加至各組資料的相對次數，稱為累積相對次數。

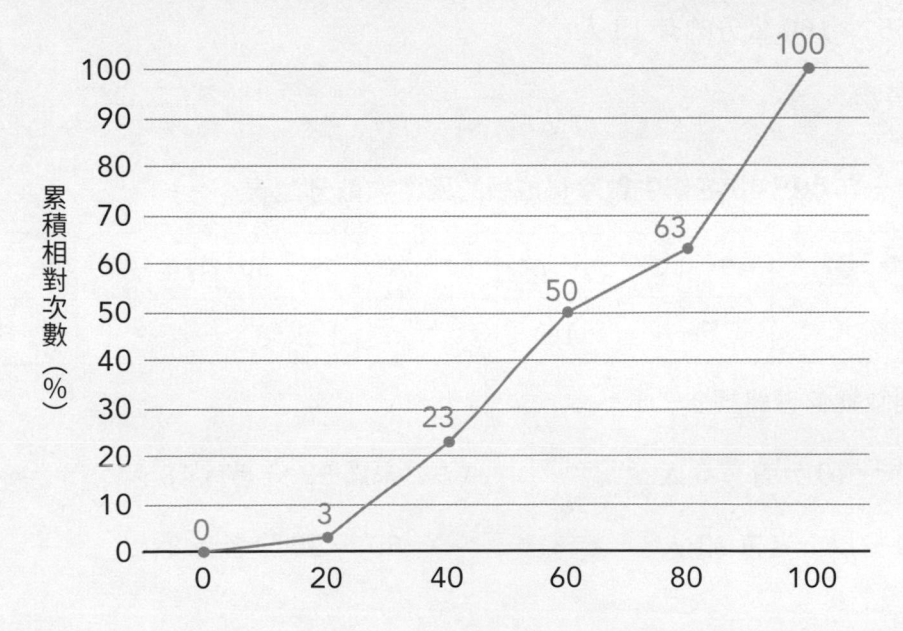

數學知識檢核

( )① 如圖為數感學校一年丙班 40 位學生身高的累積次數分配折線圖，則下列敘述何者正確？

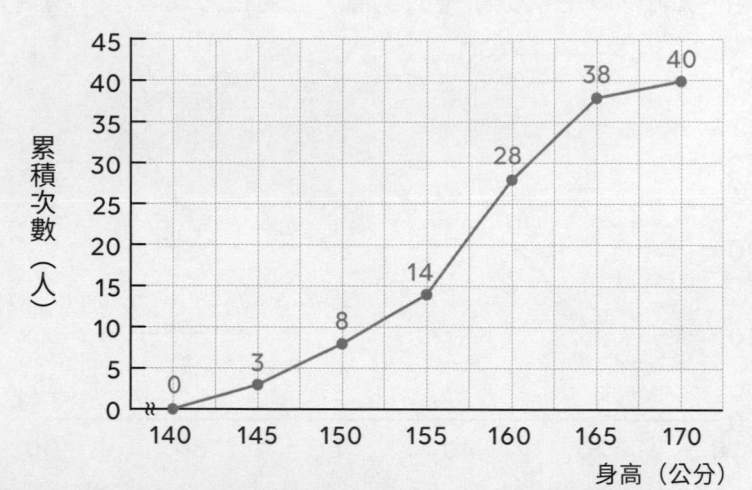

A 未滿 150 公分的有 8 人

B 145 ～ 150 公分的有 8 人

C 班上有同學身高 170 公分以上

D 155 ～ 160 公分的有 15 人

( )② 如表為一年甲班 40 名學生數學科成績的累積次數分配表：

成績（分）	40～50	50～60	60～70	70～80	80～90	90～100
累積次數（人）	7	11	17	27	35	40

則下列敘述何者錯誤？

A 60 ～ 70 分者有 6 人   B 未滿 60 分者有 18 人

C 70 分以上者有 13 人   D 80 ～ 90 分者有 8 人

(　) ③ 如圖是數感國中三年級學生報名參加臺北市數學競試成績累積次數分配折線圖，
則下列敘述何者錯誤？

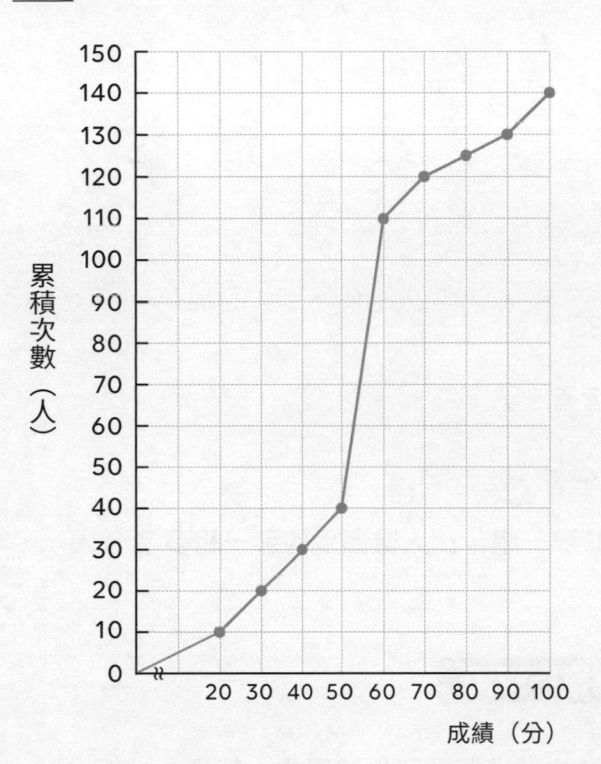

A 參加這次數學競試的人數有 140 人

B 成績是 100 分的人數最多

C 大部分人的分數落在 50 ～ 60 分之間

D 未滿 60 分的人數， 比 60 分（含）以上的多 80 人

(　　)④ 如表是三年 2 班一分鐘內投籃比賽成績的累積次數分配表，則下列敘述何者錯誤？

分數（分）	次數（人）	累積次數（人）
0～2	4	4
2～4	5	9
4～6	9	乙
6～8	甲	29
8～10	6	丙

A 全班共有 35 人

B 未滿 6 分者有 9 人

C 甲是 11，乙是 18

D 人數最多的那一組，比人數最少的那一組多了 7 人

相對次數分配表與折線圖

(　　)① 如圖，粗心大意的嘟嘟漏掉了折線圖的一部分，請問 45 ～ 50 公斤這一組的相對次數為何？

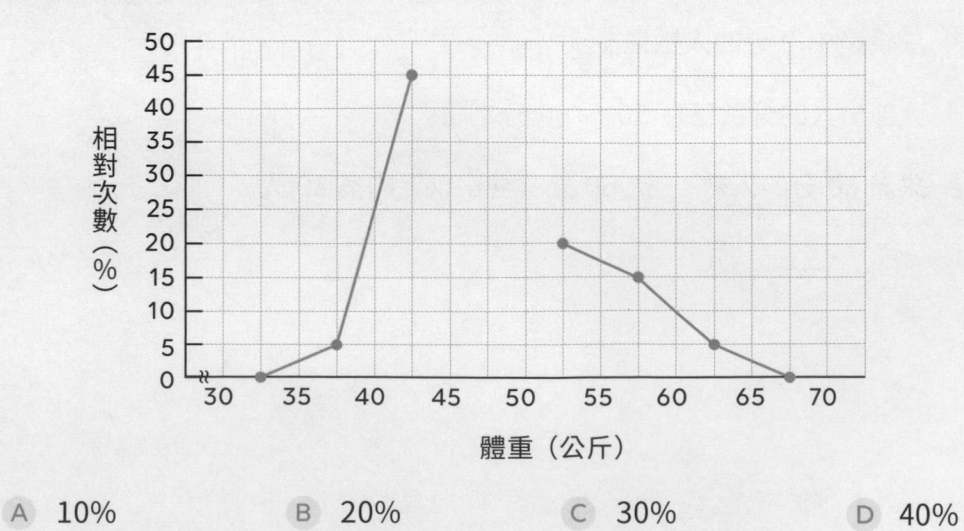

A 10%　　　　B 20%　　　　C 30%　　　　D 40%

（　）② 如表為<u>悅悅</u>班上午餐種類的次數分配表，則選擇豬腳飯的相對次數為何？

種類	雞腿飯	排骨飯	豬腳飯	滷肉飯	雞肉飯	素食
數量（人）	6	10	8	8	4	4

Ⓐ 5%　　　Ⓑ 10%　　　Ⓒ 15%　　　Ⓓ 20%

（　）③ 某班有 50 位學生，某次國文科的測驗成績如表所示，但中間有些部分被撕毀了。
請依表中數據推算，60 ～ 90 分的人數對於全班的相對次數為何？

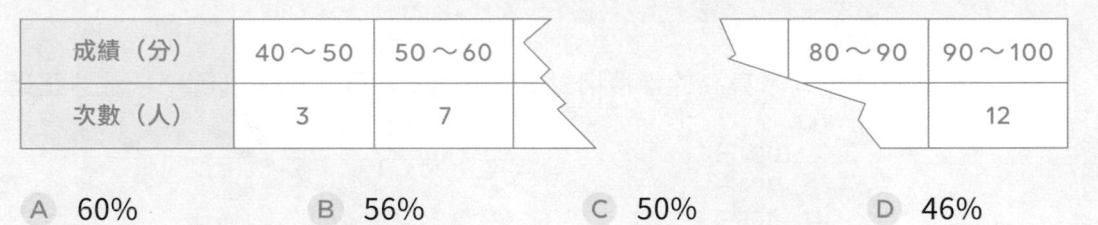

成績（分）	40～50	50～60
次數（人）	3	7

80～90	90～100
	12

Ⓐ 60%　　　Ⓑ 56%　　　Ⓒ 50%　　　Ⓓ 46%

（　）④ <u>寬寬</u>找到一張毀損的統計表如下表，則 x ＝？

成績（分）	60～70	70～80
次數（人）	11	12
相對次數（%）	22	X

Ⓐ 22　　　Ⓑ 24　　　Ⓒ 26　　　Ⓓ 28

累積相對次數分配表與折線圖

(　)① 請依據下表的資料，判斷下列敘述何者正確？

體重（公斤）	相對次數（%）	累積相對次數（%）
55～60	50	80

　A 45～50 公斤者共 50 人

　B 不滿 55 公斤者占全部的 40%

　C 60 公斤（含）以上者占全部的 20%

　D 不滿 55 公斤者共 80 人

(　)② 如圖為 300 位同學身高的累積相對次數分配折線圖，則下列哪一項敘述正確？

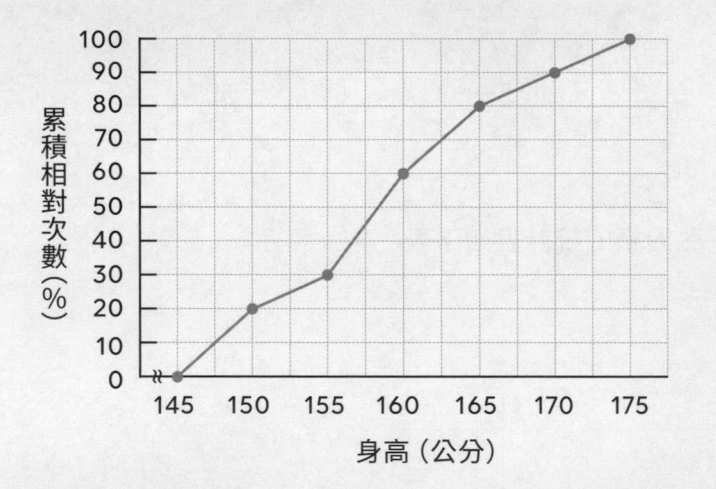

　A 150～155 公分者有 90 人

　B 155～160 公分者有 120 人

　C 160～165 公分者有 75 人

　D 165～170 公分者有 30 人

( )③ 三年 A 班的班長將班上 50 位同學的數學平時考試成績，繪製成如圖的累積對次數分配折線圖，請問 60 分（含）以上者有幾人？

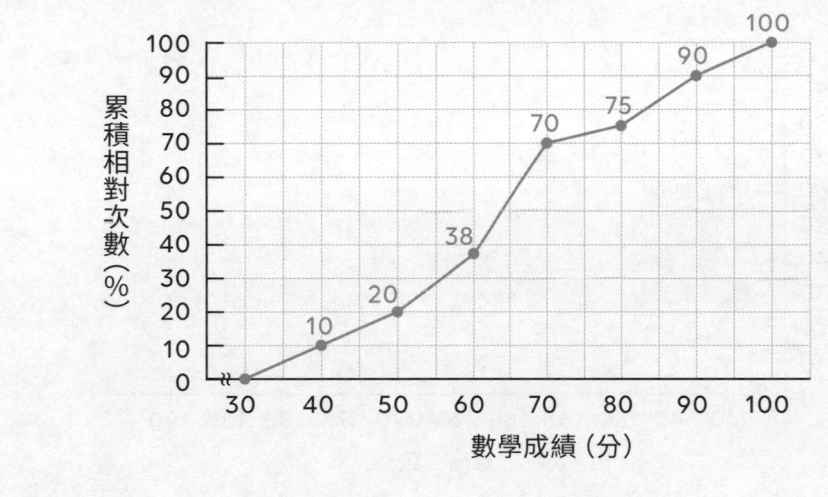

A 31 人   B 30 人   C 29 人   D 28 人

( )④ 如圖是君君班上 50 人第一次數學成績的累積相對次數分配折線圖，請問未滿 60 分者有幾人？

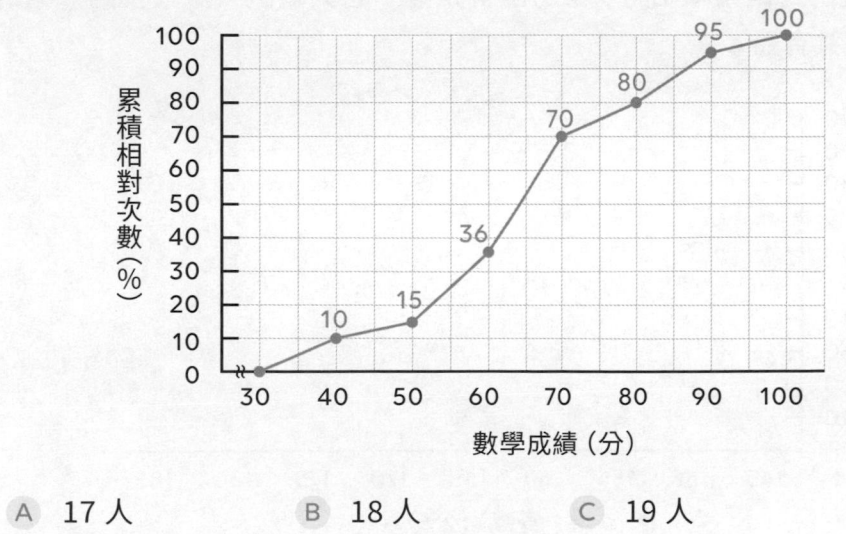

A 17 人   B 18 人   C 19 人   D 20 人

(　)⑤ 如圖為排球校隊應徵學生身高的累積相對次數分配折線圖，則身高 165 ～ 180 公分的學生，占所有應徵學生多少百分比？

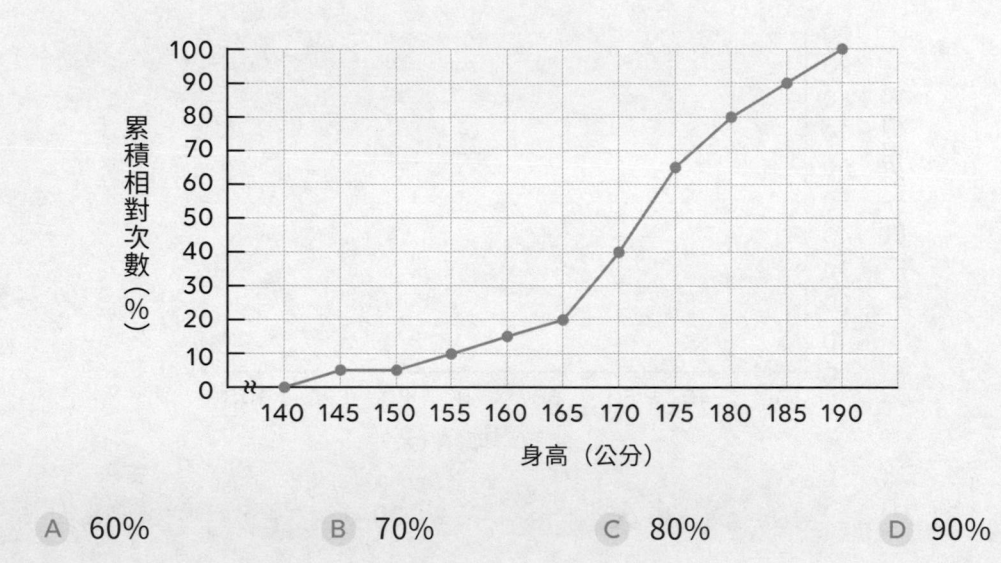

A 60%　　　B 70%　　　C 80%　　　D 90%

(　)⑥ 如圖為某班的身高累積相對次數分配折線圖，若只知道人數最多的一組為 12 人，則全班共有幾人？

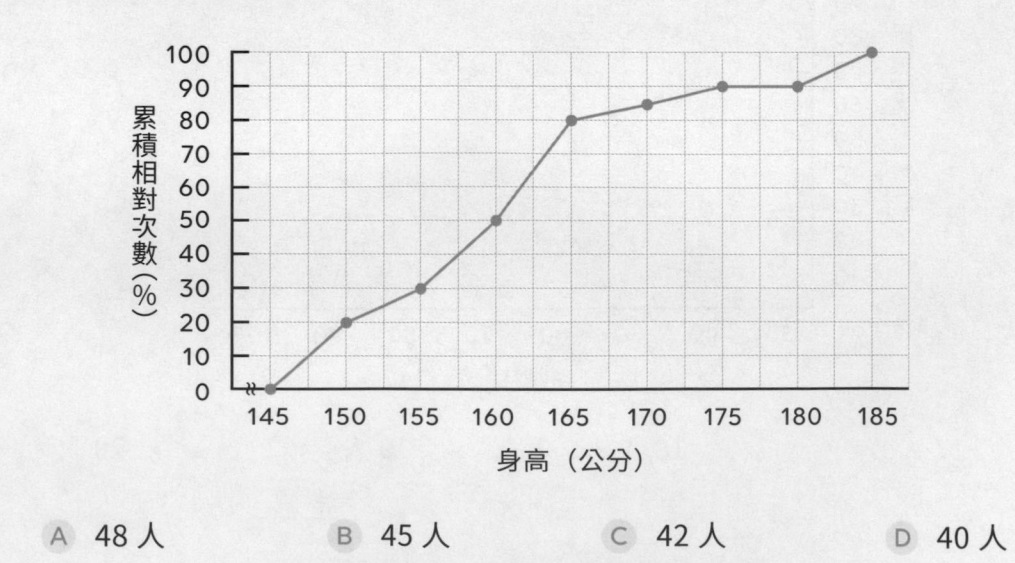

A 48 人　　　B 45 人　　　C 42 人　　　D 40 人

(　) ⑦ 數感國中三年級甲、乙、丙三班的第一次英文模擬考成績如圖所示，若三個班級的學生皆為 40 人，則哪一班 60 分（含）以上的人數較多？

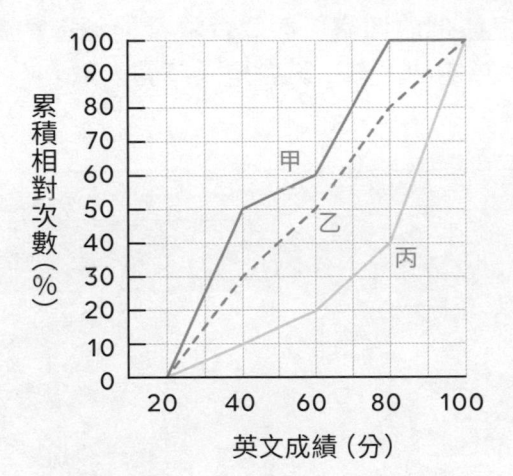

A 甲班　　　　B 乙班　　　　C 丙班　　　　D 條件不足，無法判斷

洞悉影音頻道的數據

近年，有許多人在 YouTube 經營影音頻道，靠著分享所見所聞或個人創作而打響知名度，米高就是其中一位。他平時就在自己的頻道公開分享影音創作，慢慢累積了許多粉絲訂閱，每支影音的觀看數量成長不少。

米高很開心有這麼多人關注自己的創作，他想好好經營頻道，讓「觀看時數」與「訂閱人數」能夠穩定地成長。根據他的觀察，觀眾實際看他頻道內影片所花的時間，會算在「觀看時數」中，而追蹤他頻道的人數，就會是「訂閱人數」。

01 若有一支影片總長度為 5 分鐘，一位觀眾看了這支影片 3 分鐘之後，就不再繼續觀看。請問這位觀眾看這支影片所提供的觀看時數為多少分鐘？

答：＿＿＿＿＿＿＿ 分鐘

02 開始記錄前的年底，<u>米高</u>頻道共有 10000 人訂閱。自隔年 1 月 1 日起，他每個月查看過去一個月以來的訂閱人數變化，將數據整理成表，如表一所示。

表一　<u>米高</u>記錄近6個月的數據

	1月	2月	3月	4月	5月	6月
訂閱人數變化（人）	+1000	+2000	+2500	+250	+500	+500

請根據表一與開始記錄前的數據，將訂閱人數繪製成折線圖。

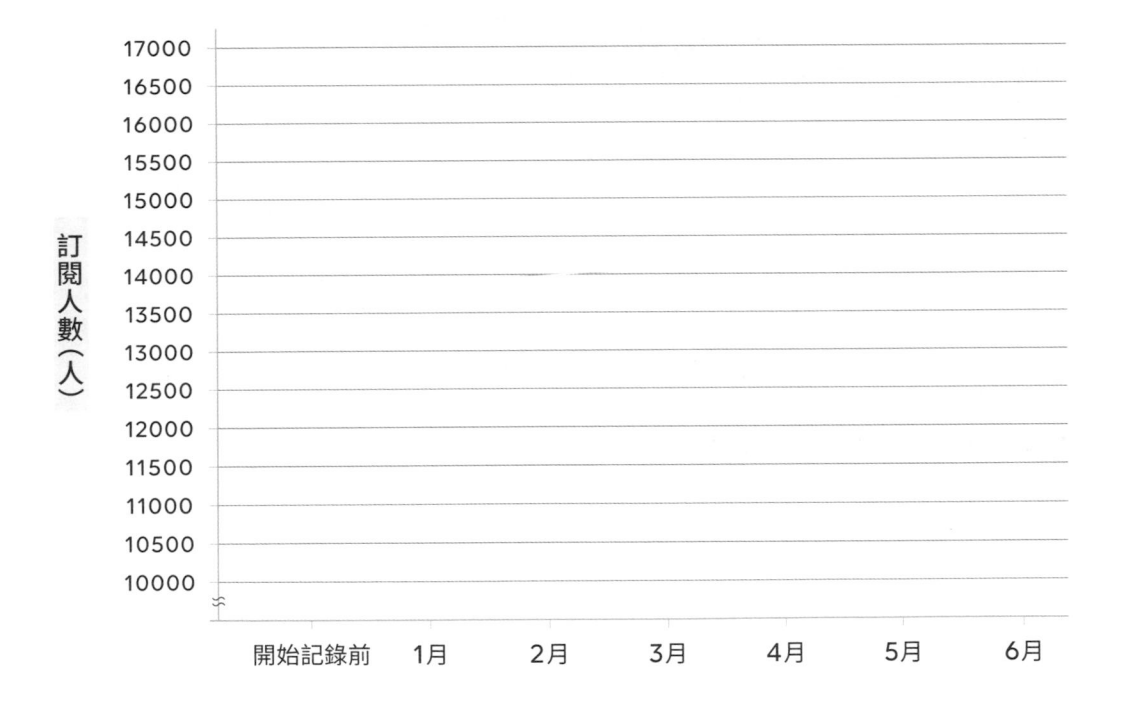

(　) 03 承上題，請問 1 ～ 6 月期間，<u>米高</u>的頻道訂閱人數，比開始記錄前增加了多少百分比？

A）67.5%

B）70%

C）167.5%

D）170%

04 除了記錄訂閱人數的變化，<u>米高</u>也根據每個月累積的觀看時數，畫出統計圖，如圖一所示。

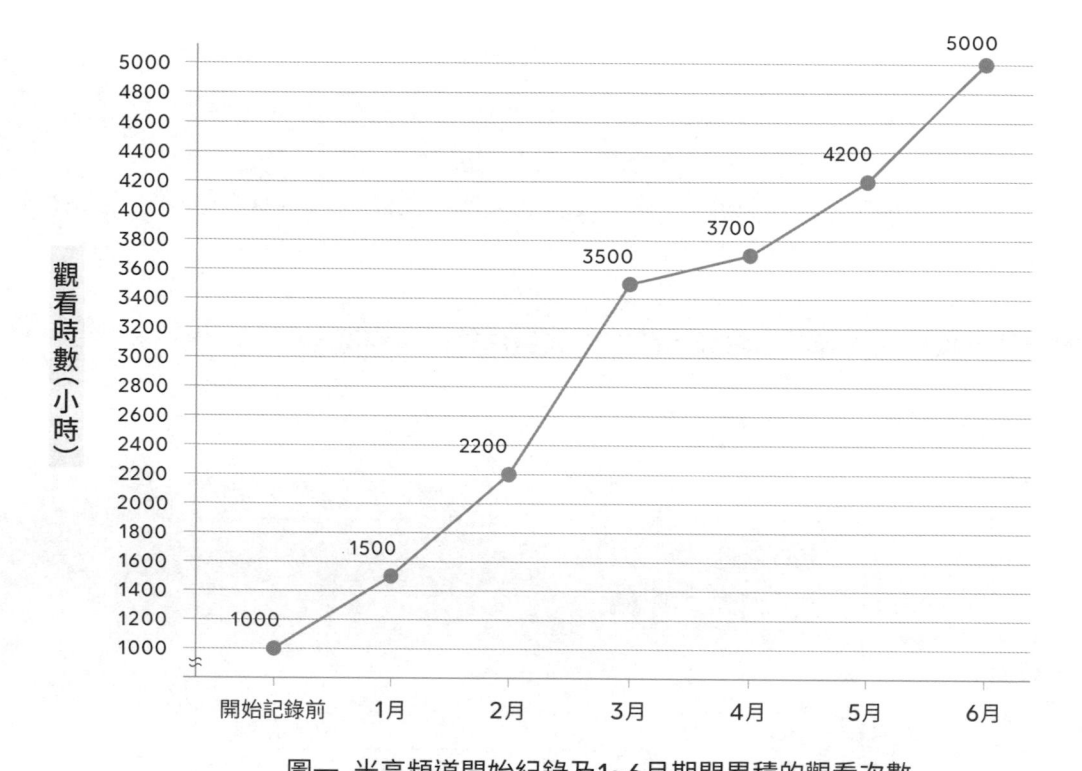

圖一 <u>米高</u>頻道開始紀錄及1~6月期間累積的觀看次數

根據圖一，請合理說明或詳細解釋，哪一個月新增的觀看時數最多？

◆ 說明：

05 承上題，<u>米高</u>從觀看時數增加最多的月份，檢視各影片的觀看情形。他發現某支在此月剛上架的影片，累積的觀看時數就占了一半。只是，<u>米高</u>還是想進一步了解，如果觀眾平均每次都看超過一半，表示他們對類似的主題有興趣，可作為往後經營頻道的參考。已知該影片總長度為 10 分鐘，在該月有 8000 次觀看。承上題，請問該影片在此月的平均每次觀看的時間長度，是否超過其影片總長度的一半？請合理說明或詳細解釋你的看法。

◆ 說明：

題目資訊

內容領域	○數與量(N) ○空間與形狀(S) ○變化與關係(R) ●資料與不確定性(D)

數學歷程	○形成 ●應用 ○詮釋

情境脈絡	●個人 ○職業 ○社會 ○科學

學習重點	學習內容	D-7-1　統計圖表 D-7-2　統計數據 D-8-1　統計資料處理
	學習表現	d-IV-1　理解常用統計圖表，並能運用簡單統計量分析資料的特性及使用統計軟體的資訊表徵，與人溝通。

QUESTION 5-2
找出真正愛出國的族群

2020 年受到疫情影響，出國人數大幅下降。但在此之前，因廉價航空的出現，到國外不再是昂貴的夢想，使得近幾年出國的人數較 20 年前更興盛，機場總是有滿滿的出境人潮。有些人憑著印象認為：「現在的年輕人更愛出國了。」在社交論壇上引發許多討論。

很常出國的小千覺得與其只憑在機場的印象，不如找出統計數據來確認真相。小千找到觀光局的資料，其中 2017 ～ 2019 年平均各年齡層出國人數的累積相對次數分配折線圖，如圖一所示。

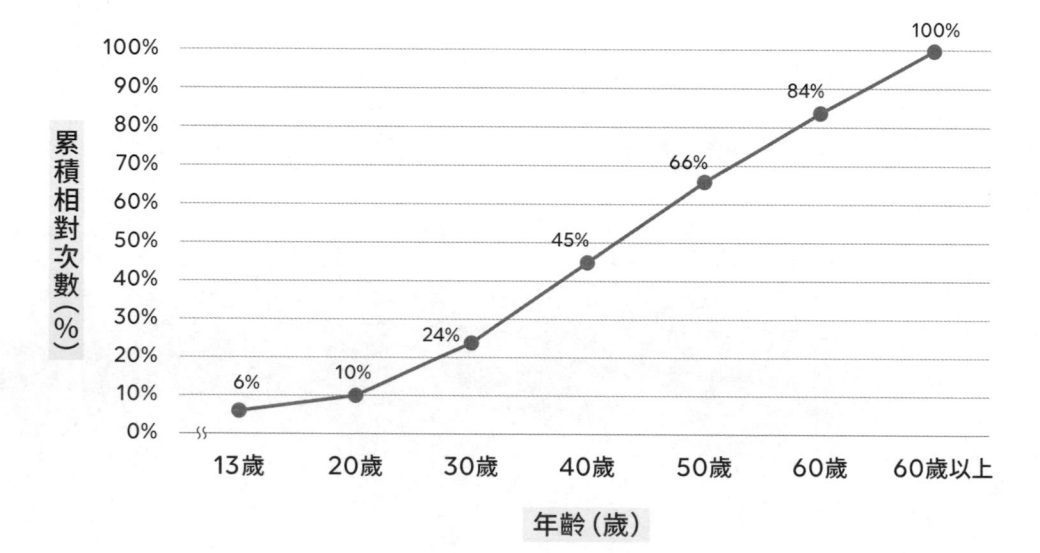

圖一 2017 ～ 2019 年平均各年齡層出國人數的累積相對次數分配折線圖

01 根據圖一，請問未滿 13 歲的出國人數是否占所有年齡層的 6%？
　　● 是　　● 否

( ) 02 假設年輕人的年齡區間為「13 歲（含）以上且未滿 40 歲」。小千讀了圖一的資料後，試著找出了年輕人的出國人數占所有年齡層的百分比，請問為下列何者？
　　A) 39%
　　B) 45%
　　C) 51%
　　D) 85%

03 假設年長者的年齡區間為「50 歲 (含) 以上」。承上題，小千推論：「2017 ～ 2019 年間，年輕人的出國人數比年長者多。」請合理說明或詳細解釋，小千的推論是否正確？

　　●是　　●否

+ 說明：

04 不過，<u>小千</u>覺得很難只根據最近幾年的資料，就說年輕人愛出國。於是，他再從觀光局找了 1997 ～ 1999 年平均各年齡層出國人數的累積相對次數分配折線圖，如圖二所示。

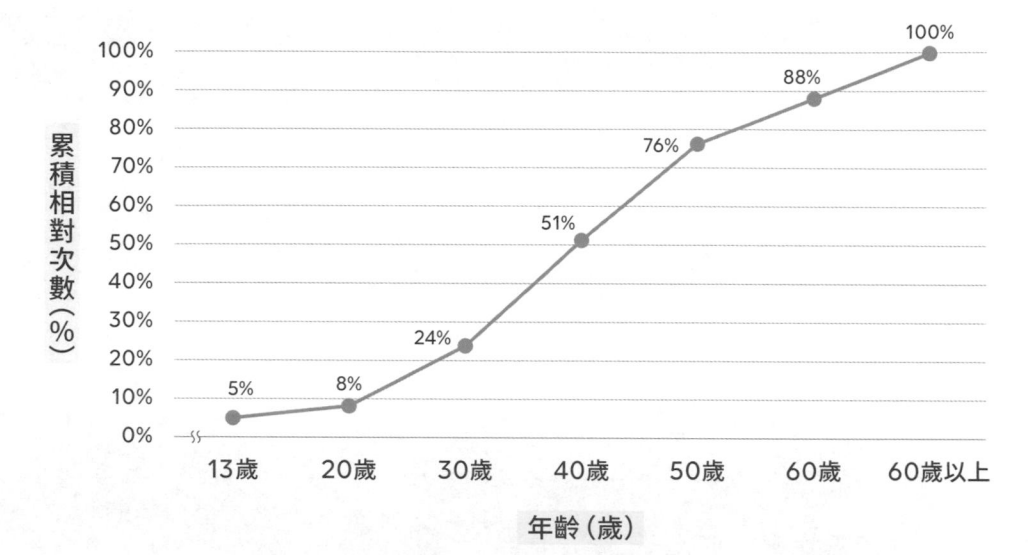

圖二 1997 ～ 1999 年平均各年齡層出國人數的累積相對次數分配折線圖

承上題，假設年輕人與年長者的年齡區間維持不變。請你根據圖一與圖二的資料，比較了年輕人與年長者出國人數的變化，判斷「現在的年輕人愛出國」的趨勢是否合理？請合理說明或詳細解釋你的看法。

● 是　● 否

延伸學習

題目資訊

內容領域 ○數與量(N) ○空間與形狀(S) ○變化與關係(R) ●資料與不確定性(D)

數學歷程 ○形成 ○應用 ●詮釋

情境脈絡 ○個人 ○職業 ●社會 ○科學

學習重點	學習內容	D-8-1	統計資料處理
	學習表現	d-IV-1	理解常用統計圖表，並能運用簡單統計量分析資料的特性及使用統計軟體的資訊表徵，與人溝通。

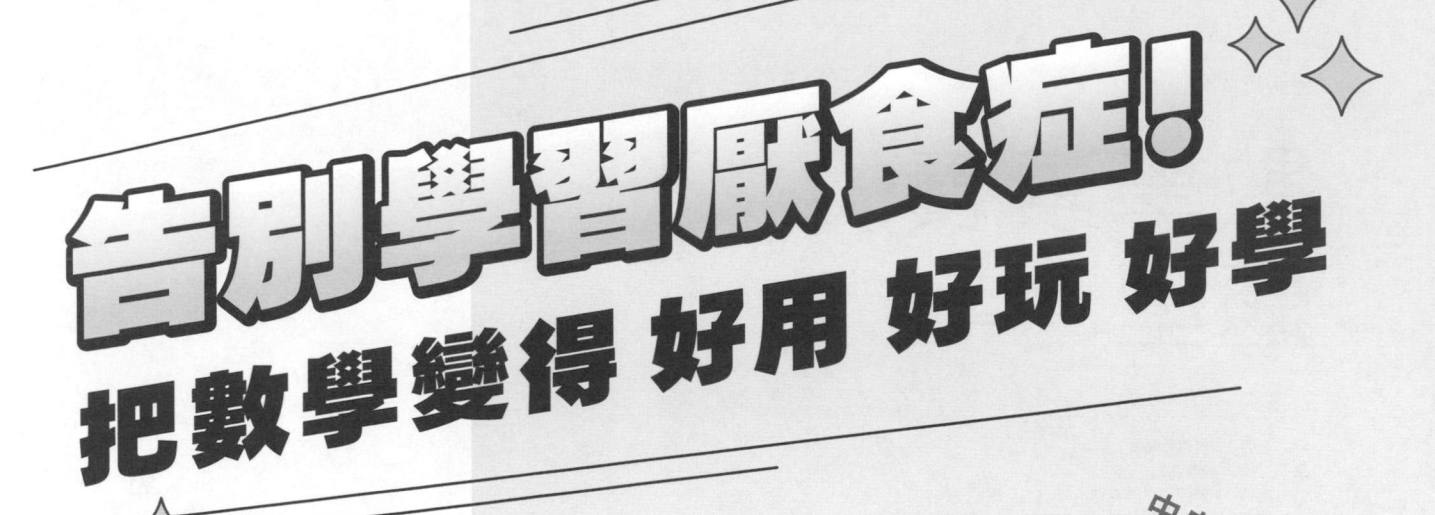

告別學習厭食症！
把數學變得 好用 好玩 好學

榮獲親子天下教育創新100獎項
中央社與TVBS等多家媒體報導

學生課程

❶ 國中數學素養
學習方法及解題活用

❷ 國小數學實驗
動手玩出數學的
信心和興趣

教學資源

❶ 國中素養題型教材
❷ 數學實驗材料包
❸ 教案研發授權

數感實驗室
NUMERACY LAB

數感 FN2009

數學素養
題型 （八上）

作　者　數感實驗室
主　編　賴以威
協力編輯　廖珮妤、陳韋樺、鄭淑文、謝至平
行銷業務　陳彩玉、陳紫晴、葉晉源
視覺統籌　郭豫君
美術設計　數感實驗室設計團隊 Numeracy Design Lab

發 行 人　涂玉雲
編輯總監　劉麗真
出　版　臉譜出版
　　　　　城邦文化事業股份有限公司
　　　　　台北市民生東路二段 141 號 5 樓
　　　　　電話：886-2-25007696　傳真：886-2-25001952

發　行　英屬蓋曼群島商家庭傳媒股份有限公司城邦分公司
　　　　　台北市中山區民生東路 141 號 11 樓
　　　　　客服專線：02-25007718；25007719
　　　　　24 小時傳真專線：02-25001990；25001991
　　　　　服務時間：週一至週五上午 09:30-12:00；下午 13:30-17:00
　　　　　劃撥帳號：19863813 戶名：書虫股份有限公司
　　　　　讀者服務信箱：service@readingclub.com.tw
　　　　　城邦網址：http://www.cite.com.tw

香港發行所　城邦（香港）出版集團有限公司
　　　　　　香港灣仔駱克道 193 號東超商業中心 1 樓
　　　　　　電話：852-25086231　傳真：852-25789337

新馬發行所　城邦（新、馬）出版集團
　　　　　　Cite（M）Sdn. Bhd.（458372U）
　　　　　　41-3, Jalan Radin Anum, Bandar Baru Sri Petaling,
　　　　　　57000 Kuala Lumpur, Malaysia.
　　　　　　電話：+6(03)-90563833
　　　　　　傳真：+6(03)-90576622
　　　　　　電子信箱：services@cite.my

一版一刷　2022 年 9 月
ISBN　978-626-315-181-9
售價：420 元（本書如有缺頁、破損、倒裝，請寄回更換）

Facebook　YouTube

歡迎按讚我們的 Facebook 粉絲頁
還有訂閱 YouTube 頻道
讓我們帶你認識不一樣的數學！

數學素養
題型 八上解答

由貼近生活的科普文章轉化成數學題組
符合108課綱精神的數學素養學習教材

數感實驗室／編著

目錄 CONTENTS

【數學知識檢核】

● **分配律、乘法公式**

① (1) $1000.1^2 = (1000 + 0.1)^2 = 1000^2 + 2 \cdot 1000 \cdot 0.1 + 0.1^2$
$$= 1000000 + 200 + 0.01$$
$$= 1000200.01$$

(2) $99.9^2 = (100 - 0.1)^2 = 100^2 - 2 \cdot 100 \cdot 0.1 + 0.1^2$
$$= 10000 - 20 + 0.01$$
$$= 9980.01$$

② $305 \times 295 - (295^2 - 195^2) = (300 + 5)(300 - 5) - (295 + 195)(295 - 195)$
$$= 300^2 - 5^2 - 490 \cdot 100$$
$$= 90000 - 25 - 49000$$
$$= 40975$$

③ 51×19
$$= (50 + 1)(20 - 1)$$
$$= 50 \times 20 - 50 \times 1 + 1 \times 20 - 1 \times 1$$
$$= 1000 - 50 + 20 - 1$$
$$= 969$$

④ 所求 $= 33^2 - 13^2$
$$= [(33 + 13)(33 - 13)]$$
$$= 46 \cdot 20$$
$$= 920$$

● **多項式的意義與名詞**

① B、C

② -99

③ $(a - 5)x^2 + (b + 5)x + 2022$為零次多項式，表示僅有常數項
故$a - 5 = 0$、$b + 5 = 0$，即$a = 5$、$b = -5$
得$a + b = 0$

● **多項式的加減運算**

① $(3x^3 + 4x - 5) + (x - 3x^2 - 2) = 3x^3 + (0 - 3)x^2 + (4 + 1)x + [(-5) - 2]$
$$= 3x^3 - 3x^2 + 5x - 7$$

② $[(x^3 + 5x^2 - 6) + (2x - 10)] - (4x^2 - x) = (x^3 + 5x^2 - 6) + (2x - 10) - (4x^2 - x)$
$$= x^3 + (5 - 4)x^2 + [2 - (-1)]x - 6 - 10$$
$$= x^3 + x^2 + 3x - 16$$

③ $(5x^3 - 3x^2 + 12x - 99) + A = x^2 - 11x$
　故 $A = (x^2 - 11x) - (5x^3 - 3x^2 + 12x - 99)$
$$= -5x^3 + [1 - (-3)]x^2 + [(-11) - 12]x + 99$$
$$= -5x^3 + 4x^2 - 23x + 99$$

④ $(x^2 + 9x - 3) - B = x^3 - 6x^2 + 8x - 2$
　故 $B = (x^2 + 9x - 3) - (x^3 - 6x^2 + 8x - 2)$
$$= -x^3 + 7x^2 + x - 1$$
　得 $A + B = (x^2 + 9x - 3) + (-x^3 + 7x^2 + x - 1)$
$$= -x^3 + 8x^2 + 10x - 4$$

● **多項式的乘除運算**
① (1) $(2x + 7)^2 = (2x)^2 + 2 \cdot 2x \cdot 7 + 7^2$
$$= 4x^2 + 28x + 49$$
　(2) $(2x - 1)^2 - (3x + 1)(3x - 1) = (2x)^2 - 2 \cdot 2x \cdot 1 + 1^2 - [(3x)^2 - 1^2]$
$$= 4x^2 - 4x + 1 - 9x^2 + 1$$
$$= -5x^2 - 4x + 2$$

② $(x + 2)(3x - 2)(3x - 6) = (x + 2)(3x - 6)(3x - 2)$
$$= 3(x + 2)(x - 2)(3x - 2)$$
$$= 3(x^2 - 4)(3x - 2)$$
$$= 3(3x^3 - 2x^2 - 12x + 8)$$
$$= 9x^3 - 6x^2 - 36x + 24$$

③ $(x + 2)(ax + 1) = ax^2 + 2ax + x + 2$
$$= ax^2 + (2a + 1)x + 2$$
$$= ax^2 - 3x + 2$$
　故 $2a + 1 = -3$，$2a = -4$，得 $a = -2$

④ 因多項式 $2x^2 + 6x + 1$ 除以 $ax + b$ 後，得到商式為 $x + 2$，餘式為 -3
　故 $2x^2 + 6x + 1 = (ax + b)(x + 2) - 3 = ax^2 + (2a + b)x + 2b - 3$
　由二次項係數得 $a = 2$
　由一次項係數得 $2 \times 2 + b = 6$，故 $b = 2$
　（驗算 $2 \times 2 - 3 = 1$，合）
　故 $a + b = 4$

【發掘月曆中的秘密】

影音詳解：

1.　是

同月份中，因為相鄰兩個星期日在同一行，且在相鄰兩列，故兩個日期相差 7。

2.　C

假設 $14 = x$

則 $15 = 14 + 1 = x + 1$，$21 = 14 + 7 = x + 7$，$22 = 14 + 8 = x + 8$，其和為

$x + (x + 1) + (x + 7) + (x + 8) = 4x + 16 = 2(2x + 8) = 2[x + (x + 8)]$

$= 2[(x + 1) + (x + 7)]$

故 $2[(x + 1) + (x + 7)]$ 為圖二的日期總和。

3.

圖三中九個以 y 表示的數，如下所示。

y-8	y-7	y-6
y-1	y	y+1
y+6	y+7	y+8

故其中一條對角線日期的乘積為 $y \cdot (y + 6) \cdot (y - 6)$，另一條為 $y \cdot (y + 8) \cdot (y - 8)$

根據雪兔的運算過程，兩個乘積相減可得

$y \cdot (y + 6) \cdot (y - 6) - y \cdot (y + 8) \cdot (y - 8)$

$= y \cdot (y^2 - 36) - y \cdot (y^2 - 64)$ ←根據平方差公式

$= 28y$

4.　20

根據第 2 題，4 格方框總和為 $2[x + (x + 8)] = 2[(x + 1) + (x + 7)]$

因為 $2[x + (x + 8)] = 92$，所以 $x + (x + 8) = 46$，可推得 $2x = 38$，$x = 19$，為左上角的日期。

故 4 格方框所圍住的日期為 19、20、26、27

根據第 3 題，9 格方框對角線乘積的差為 $28y$

因為 $28y = 392$，所以 $y = 14$，為中央的日期。

故 9 格方框所圍住的日期為 6、7、8、13、14、15、20、21、22

兩個方框所圍住的日期，如下圖所示。

日	一	二	三	四	五	六
					1	2
3	4	5	6	7	8	9
10	11	12	13	14	15	16
17	18	19	20	21	22	23
24	25	26	27	28	29	30
31						

因此，雪兔要桃矢找到的日期是 20。

【找出深藏的費波那契數列】

影音詳解：

1. D

費波那契數列從第三個數字開始，每數到第三個數就會是前兩個數字的和，所以第七個數字是第五個與第六個數字的和，即 $5 + 8$。

2. B

根據多項式 P 中各項次數與係數的規律，n 次項的係數會對應到費波那契數列的第 $n-1$ 個數字，故 x^{10} 的係數會對應到費波那契數列的第 9 個數字。

費波那契數列的前 9 項為 $1, 1, 2, 3, 5, 8, 13, 21, 34$，故 x^{10} 的係數為 34。

3. 10^{-3}

因為 $998999 = 10^6 - 10^3 - 1$

所以原本的分數可寫成 $\frac{1}{(10^3)^2 - 10^3 - 1}$

根據 $\frac{x^2}{1-x-x^2}$ 的形式，上下再同乘以 $(10^{-3})^2$，可得 $\frac{1}{(10^3)^2 - 10^3 - 1} = \frac{(10^{-3})^2}{1 - 10^{-3} - (10^{-3})^2}$

故代入的數字應為 10^{-3}

4.

將 10^{-3} 代入多項式的前六項 $x^2 + x^3 + 2x^4 + 3x^5 + 5x^6 + 8x^7$ 後，可表示出小數

$1 \times 10^{-6} + 1 \times 10^{-9} + 2 \times 10^{-12} + 3 \times 10^{-15} + 5 \times 10^{-18} + 8 \times 10^{-21}$

根據小數之 10 的整數次方拆解，可推得

第一個數字 1 出現在小數點後第 6 位、

第二個數字 1 出現在小數點後第 9 位、

第三個數字 2 出現在小數點後第 12 位、

第四個數字 3 出現在小數點後第 15 位、

第五個數字 5 出現在小數點後第 18 位、

第六個數字 8 出現在小數點後第 21 位、

因為多項式 P 的每一項係數會跟費波那契數列對應，所以得出的小數後方出現的數字，也依序對應到費波那契數列。因此以個位數字為基準，費波那契數列在小數中每 3 位就會出現下一個數字。

5. $ax^m + bx^n = 3x^5 + 2x^6$

從運算過程中可知，

$2x^4 + x^5 = (1 - x - x^2)2x^4 + (ax^m + bx^n) = 2x^4 - 2x^5 - 2x^6 + ax^m + bx^n$，

故 $ax^m + bx^n = 2x^4 + x^5 - (2x^4 - 2x^5 - 2x^6) = 3x^5 + 2x^6$

按這樣的運算規律，我們可發現，每個與 $1 - x - x^2$ 相乘的多項式，剛好就是 P 的每一項，各項的係數都可跟費波那契數列對應。所以，根據剛才求出的 $3x^5 + 2x^6$，利用 $1 - x - x^2$ 與 P 的下一項 $3x^5$，下一個等號所列出的算式應為

$(1 - x - x^2)x^2 + (1 - x - x^2)x^3 + (1 - x - x^2)2x^4 + (3x^5 + 2x^6)$

$= (1 - x - x^2)x^2 + (1 - x - x^2)x^3 + (1 - x - x^2)2x^4 + (1 - x - x^2)3x^5 + (5x^6 + 3x^7)$

【數學知識檢核】

● 平方根

① (1) $-\sqrt{361} = -\sqrt{19^2} = -19$

　(2) $\sqrt{12.25} = \sqrt{(3.5)^2} = 3.5$

② B

(A) $\sqrt{71}$才是 71 的平方根

(B) 因為$5^2 = (-5)^2 = 25$，所以 25 的平方根是±5

(C) $-4^2 = -16$，得$4^2 = 16$，所以4才是16的平方根

(D)$(-7)^2 = 49$，所以-7應為 49 的平方根

③ 因為 a、b為$\sqrt{2022}$的平方根，兩者相差一個負號，所以$a + b = 0$
同理 $c + d = 0$，故所求為 0

● 根式的四則運算

① $\sqrt{7^2} + \sqrt{(-6)^2} + \sqrt{3} \cdot \sqrt{12} = 7 + 6 + 6 = 19$

② $\dfrac{\sqrt{5}}{\sqrt{2}} \div \sqrt{10} = \sqrt{\dfrac{5}{2}} \div \sqrt{10} = \sqrt{\dfrac{5}{2} \div 10} = \sqrt{\dfrac{5}{2} \times \dfrac{1}{10}} = \sqrt{\dfrac{1}{4}} = \dfrac{1}{2}$

③ $\sqrt{3} + \sqrt{6} + \sqrt{9} + \sqrt{12} = \sqrt{3} + \sqrt{6} + \sqrt{3^2} + \sqrt{2^2 \times 3}$
$$= \sqrt{3} + \sqrt{6} + 3 + 2\sqrt{3}$$
$$= 3 + 3\sqrt{3} + \sqrt{6}$$

④ $\dfrac{6}{\sqrt{8}-2} = \dfrac{6}{2\sqrt{2}-2} = \dfrac{3}{\sqrt{2}-1} = \dfrac{3(\sqrt{2}+1)}{(\sqrt{2}-1)(\sqrt{2}+1)} = \dfrac{3\sqrt{2}+3}{2-1} = 3\sqrt{2} + 3$

● 根式的大小比較

① B

(A) a、b須皆為正數，才能比較其正平方根的大小

(B) 因為$\sqrt{a} > \sqrt{b}$，表示a、b皆為正數，且$\sqrt{a}$、$\sqrt{b}$分別表示對應的正平方根，
故$\left(\sqrt{a}\right)^2 > \left(\sqrt{b}\right)^2$，即 $a > b$

② 因為$a = -7 = -\sqrt{49}$，且$\sqrt{48} < \sqrt{49} < \sqrt{53}$，故$-\sqrt{53} < -\sqrt{49} < -\sqrt{48}$
此三數由小到大排序為b、a、c

8

- **根式的估計**

    ① 因為$2^2 < 7 < 3^2$，所以$2 < \sqrt{7} < 3$

    在$(2.1)^2$、$(2.2)^2$、...、$(2.9)^2$中，$(2.6)^2 = 6.76 < 7$，且$(2.7)^2 = 7.29 > 7$，故可推得$2.6 < \sqrt{7} < 2.7$

    又$(2.65)^2 = 7.0225 > 7$，故可推得$2.6 < \sqrt{7} < 2.65$。依四捨五入法到小數點後第一位，可得$\sqrt{7} \fallingdotseq 2.6$

    ② 因為$x > 0$，故$(2.2)^2 < x < 3^2$，即$4.84 < x < 9$

    符合此範圍的x值為 5、6、7、8，共 4 個

- **畢氏定理及其應用**

    ① 所求$= \sqrt{7^2 + 24^2} = \sqrt{49 + 576} = \sqrt{625} = 25$

    ② 兩邊長分別為 20 和 21 的直角三角形，有兩種可能：

    i. 20 和 21 為兩股長。此時直角三角形的斜邊長$= \sqrt{20^2 + 21^2} = \sqrt{841} = 29$

    ii. 21 為斜邊長，且 20 為一股長。此時直角三角形的另一股長$= \sqrt{21^2 - 20^2} = \sqrt{41}$

    ③ $a = \sqrt{13^2 - 12^2} = \sqrt{25} = 5$

    $b = \sqrt{(a + 11)^2 + 12^2} = \sqrt{16^2 + 12^2} = \sqrt{400} = 20$

- **直角坐標系上兩點距離公式**

    ① $\sqrt{(6 - 3)^2 + (8 - 4)^2} = \sqrt{3^2 + 4^2} = \sqrt{9 + 16} = \sqrt{25} = 5$

【發掘根號與圓周率的奇妙關係】

影音詳解：

1.　是

因為圓周率是一個小數點後「數字不循環」且「無窮多位」的定值，實際上在估計值 3.14
後，還有更多數字。

而 3.14 為有限的兩位小數，故圓周率 π 會比 3.14 大。

2.　B

因為正六邊形可由相同邊長的 6 個正三角形所組成。將圖一中 A 點與正六邊形的各頂點連線
後，可看到 6 個正三角形，且它們的高恰好為 A 點到正六邊形邊長的距離 4 公分。

已知高為 4 公分的正三角形面積為 $\frac{16\sqrt{3}}{3}$ 平方公分，故此正六角形面積為 $\frac{16\sqrt{3}}{3} \times 6 = 32\sqrt{3}$ 平
方公分。

3.　D

根據圖三，可由畢氏定理得知等腰三角形的高為 $\sqrt{4^2 - \left(2\sqrt{2}\right)^2} = \sqrt{16-8} = 2\sqrt{2}$ 公分。

故等腰三角形的面積為 $4 \times 2\sqrt{2} \times \frac{1}{2} = 4\sqrt{2}$ 平方公分。

因為正八邊形是由這 8 個等腰三角形所組成，故正八邊形的面積為 $4\sqrt{2} \times 8 = 32\sqrt{2}$ 平方公
分。

4.　B

因為 $\sqrt{2} < \sqrt{3}$ ，所以 $32\sqrt{2} < 32\sqrt{3}$ ，故濱田廣所畫的正多邊形面積大小關係為正八邊形面
積＜正六邊形面積。

因為圓的半徑為 4 公分，且由第 2 題可知，O 點到正六邊形各邊的距離也為 4 公分，所以
圓的邊界（即圓周）最遠只會跟正六邊形的邊切齊，不會超過，可推得圓 O 面積＜正六邊
形面積。

而由第 3 題可知，O 點與正八邊形各頂點的距離為 4 公分，所以正八邊形的頂點皆會剛好落
在圓周上，而邊都會落在圓的內部，可推得正八邊形面積＜圓 O 面積。

故由內到外排正八邊形、圓形、正六邊形的方式，才能正確估計出圓面積。

5. 合理

正六邊形與正八邊形的面積平均值為 $\frac{32\sqrt{3}+32\sqrt{2}}{2} = 16(\sqrt{3}+\sqrt{2})$ 平方公分，

圓面積為 $4 \times 4 \times$ 圓周率 $= 16\pi$ 平方公分。

根據濱田廣的猜測， $16(\sqrt{3}+\sqrt{2}) \doteqdot 16\pi$ ，兩邊同除以 16 可得 $(\sqrt{3}+\sqrt{2}) \doteqdot \pi$ ，與柏拉圖的圓周率估計式吻合。

故柏拉圖的圓周率估計式是合理的。

【尋找搶跑道的訣竅】

影音詳解：

1. 否

因為直線跑道長度皆為 85 公尺，所以所有直線跑道的長度皆相同，但每條跑道寬度皆為 1 公尺，半圓跑道的半徑愈外圈就愈長，對應的長度愈外圈也愈長，故不會相同。

2. D

因為所有直線跑道的長度皆為 85 公尺，所以跑的距離差距只需要比較半圓跑道的部分。

假設第一道半圓跑道的半徑為 R 公尺，

因為每個跑道的寬度為 1 公尺，所以第四道半圓跑道的半徑為 $R + 3$ 公尺。

故第四道跑一圈會比第一道多跑 $2\pi(R + 3) - 2\pi R = 6\pi$ 公尺。

3. C

根據題意，埼玉搶跑道的路線為一個直角三角形的斜邊，如下圖所示。

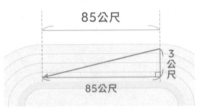

根據畢氏定理，他跑的距離為 $\sqrt{85^2 + 3^2} = \sqrt{7225 + 9} = \sqrt{7234}$ 公尺。

4. 埼玉所跑的路線 1

法一：畢氏定理

根據圖三，路線 2 先跑到第一道時，距離剛進入直線跑道位置 2 公尺。

根據畢氏定理，此段距離為 $\sqrt{2^2 + 3^2} = \sqrt{13}$ 公尺。

路線 2 剩下的距離，為 85－2=83 公尺，故路線 2 的總距離為 $83+\sqrt{13}$ 公尺。

因為 $3 < \sqrt{13} < 4$，所以路線 2 的總距離介於 86～87 公尺之間。

而 $85 < \sqrt{7234} < 86$，所以路線 1 的總距離 85～86 公尺之間。

故路線 1 的總距離比路線 2 短，即埼玉所跑的搶跑道距離較短。

法二：三角形兩邊之和大於第三邊

路線 1 與路線 2 形成一個三角形，而路線 2 的總距離恰為此三角形兩邊之和，必大於位於此三角形第三邊的路線 1，所以埼玉所跑的搶跑道距離較短。

【挑選最省紙張的包裝法】

影音詳解：

1.   是

因為長方體相對的兩面是一樣的，所以圖二即為此巧克力禮盒的展開圖。

2.   D

根據圖三的包裝方式，包裝紙的長度與寬度至少要超過圖二中展開圖的長度與寬度，因此長度至少要有 22 + 4 + 22 + 4 = 52 公分、寬度至少要有 22 + 4 + 4 = 30 公分。

3.   A

依題意，此禮盒的正方形邊長為 22 公分

故對角線長度為 $22 \times \sqrt{2} \approx 30.8$ 公分，最接近者為 32 公分。

4.   否

禮盒的高度應為下圖中的藍色線段。

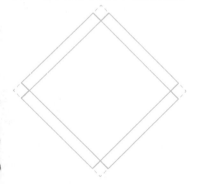

5.   C

正方形包裝紙的邊長可看成下圖中 $\overline{AB}$、$\overline{BC}$、$\overline{CD}$ 的總和。

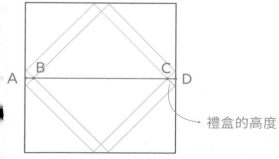

禮盒的高度

根據正方形的幾何性質，

$\overline{BC}$ =禮盒的對角線長度 = $22\sqrt{2}$ 公分，

$\overline{AB} = \overline{CD}$ = 禮盒高度 $\div \sqrt{2} = 2\sqrt{2}$ 公分，

故正方形包裝紙的邊長為$22\sqrt{2} + 2\sqrt{2} \times 2 = 26\sqrt{2} \fallingdotseq 36.4$ 公分。

為了恰好完整包覆，又能足以包裝，所以最合適的邊長為 37 公分。

6.

由第 2 題可知，第一種包法用掉的面積為

$(22 + 4 + 22 + 4) \times (22 + 4 + 4) = 1560$ 平方公分，

根據假設，第一種包法的包裝紙邊長為 $(l + h) \times 2$ ，寬為 $(l + 2h)$ ，

故面積可表示為 $2(l + h)(l + 2h) = 2l^2 + 6lh + 4h^2$

由第 3、5 題可知，第二種包法用掉的面積為

$\left[(22 + 2 + 2) \times \sqrt{2}\right]^2 = 1352$ 平方公分。

根據假設，第二種包法的包裝紙邊長為 $(l + h) \times \sqrt{2}$ ，

故面積可表示為 $2(l + h)(l + h) = 2l^2 + 4lh + 2h^2$ 。

兩者的比值為 $\frac{l+2h}{l+h} > 1$ ，故可推得第二種包法較省紙。

【維持電扶梯上的社交距離】

影音詳解：

1.　　是

從電扶梯的側面，我們可以看到踏階的深度與高度，且深度 40 公分與高度 20 公分都標示在圖二中對應的位置。

2.　　C

以第 1 踏階與第 2 踏階之間為例，在直角 ΔABC 中，$\overline{AC}$ = 踏階的踏面深度 = 40 公分，$\overline{BC}$ = 踏階的踢面高度 = 20 公分。

根據畢氏定理，兩個相鄰踏階之間的距離 = $\overline{AB} = \sqrt{40^2 + 20^2}$ 公分。

3.

先從圖五來看，要求 $\overline{AD}$ 時，可先將 $\overline{BC}$ 平移至 $\overline{DE}$ 延伸線上、將 $\overline{BE}$ 平移至 $\overline{AC}$ 延伸線上，可得到一個大的直角三角形，如下圖所示。

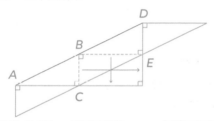

根據圖四，$\overline{AB} + \overline{BD} = \sqrt{40^2 + 20^2} + \sqrt{40^2 + 20^2} = 2 \times \sqrt{40^2 + 20^2}$

根據圖五，$\overline{AD} = \sqrt{(40 + 40)^2 + (20 + 20)^2} = \sqrt{(2 \times 40)^2 + (2 \times 20)^2} = 2 \times \sqrt{40^2 + 20^2}$

得到 $\overline{AB} + \overline{BD}$ 與 $\overline{AD}$ 相等，因此計算第 1 與第 3 踏階之間的距離時，直接用圖五的方式即可。

4.　　4 個踏階

由第 2 題可知，兩個相鄰踏階之間的距離為

$\sqrt{40^2 + 20^2} = 20\sqrt{5} \fallingdotseq 20 \times 2.2 = 44$ 公分 = 0.44 公尺，且由第 3 題可知，任兩個踏階之間的距離，與中間倆倆相鄰踏階之間的距離總和相同，故可推得

相距 2 個踏階時，相距 0.44 + 0.44 = 0.88 公尺 < 1.5 公尺。

相距 3 個踏階時，相距 0.88 + 0.44 = 1.32 公尺 < 1.5 公尺。

相距 4 個踏階時，相距 1.32 + 0.44 = 1.76 公尺 > 1.5 公尺。

故湯瑪士至少要跟前方乘客相距 4 個踏階，才能讓他們之間的距離至少為 1.5 公尺。

【搜尋寶可夢的位置】

影音詳解：

1.　否

<u>宗次</u>與寶可夢相距 50 公尺，超過可感應並顯示在手機上的距離 40 公尺，故<u>宗次</u>無法看到手機上感應到這隻寶可夢。

2.　B

根據圖一，便利商店在 x 軸負向 4 單位、y 軸正向 4 單位之處，故其坐標可標示為 $(-4,4)$。

3.　$\frac{5\sqrt{2}}{2}$ 公尺

根據坐標平面上的位置，路口與便利商店相距 $\sqrt{(-4-0)^2+(4-0)^2}=4\sqrt{2}$ ，且路口與便利商店實際相距 20 公尺。

故此坐標平面的 1 單位長相當於實際距離 $20\div4\sqrt{2}=\frac{5\sqrt{2}}{2}$ 公尺。

4.　C 點

法一：畢氏定理

根據第 2 題，在 C、D 點坐標分別為 $(-10,-4)$、$(8,6)$

這兩點與路口（原點 $(0,0)$）的距離分別為 $\sqrt{[(-10)-0]^2+[(-4)-0]^2}=\sqrt{116}\fallingdotseq10.8$、$\sqrt{(8-0)^2+(6-0)^2}=10$ 單位長。

根據第 3 題，1 個單位長為 $\frac{5\sqrt{2}}{2}$ 公尺 $\fallingdotseq$ 3.5 公尺（或 $\frac{5}{\sqrt{2}}$ 公尺 $\fallingdotseq$ 3.6 公尺），故對應的實際距離分別為 $10.8\times3.5=37.8$、$10\times3.5=35$ 公尺（或 $10.8\times3.6=38.88$、$10\times3.6=36$ 公尺）。

而這兩點與便利商店（$(-4,4)$）的距離分別為 $\sqrt{[(-10)-(-4)]^2+[(-4)-4]^2}=10$、$\sqrt{[8-(-4)]^2+(6-4)^2}=\sqrt{148}\fallingdotseq12.2$ 單位長，同理可求出對應的實際距離分別為 $10\times3.5=35$、$12.2\times3.5=42.7$ 公尺（或 $10\times3.6=36$、$12.2\times3.6=43.92$ 公尺）。

因為 C 點的位置與路口、便利商店的距離皆小於 40 公尺，滿足<u>宗次</u>在路口時顯示它的影子，且抵達便利商店後影子仍然持續顯示。

而因為 D 點的位置與路口的距離小於 40 公尺、與便利商店的距離大於 40 公尺，雖然<u>宗次</u>在路口時，遊戲畫面會顯示它的影子，但抵達便利商店後，影子應該就會消失。

綜合上述推論，這隻寶可夢最有可能在 C 點。

法二：作圖法

已知路口與便利商店的距離為 20 公尺，而寶可夢的感應距離為 40 公尺，故我們可以分別以路口、便利商店的位置為圓心，以兩者之間距離的兩倍長為半徑畫兩個圓，如下圖所示。

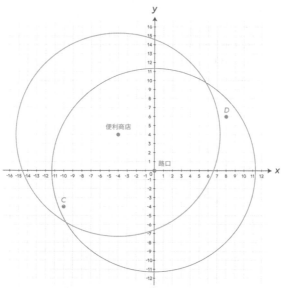

可以看出， C 點落在兩圓之間的區域，而 D 點落在以路口為圓心的圓內、不在以便利商店為圓心的圓內。

因為宗次在路口與便利商店都能看到這隻寶可夢的影子顯示在遊戲畫面上，故從上述可知，這隻寶可夢最有可能在 C 點。

【數學知識檢核】

● 因式與倍式

① A、B、E

$$2x^2 + 4x - 6 = 2(x^2 + 2x - 3)$$
$$= (2x - 2)(x + 3)$$
$$= (x - 1)(2x + 6)$$
$$= 2(x - 1)(x + 3)$$

故選項中，2、$x - 1$、$x + 3$為$2x^2 + 4x - 6$的因式

② 否

由長除法發現餘式不為 0，

故因此 $x + 2$ 不是$2x^2 + x - 8$的因式。

$$\begin{array}{r} 2x - 3 \\ x + 2 \overline{)\ 2x^2 + x - 8} \\ \underline{2x^2 + 4x} \\ -3x - 8 \\ \underline{-3x - 6} \\ -2 \end{array}$$

③ 4

因為$3x^2 - 8x + k$是$x - 2$的倍式，

所以由長除法可知，當$k = 4$時，餘式就為 0，

使得$3x^2 - 8x + k$能被$x - 2$整除。

$$\begin{array}{r} 3x - 2 \\ x - 2 \overline{)\ 3x^2 - 8x + k} \\ \underline{3x^2 - 6x} \\ -2x + k \\ \underline{-2x + 4} \\ 0 \end{array}$$

● 提公因式作因式分解

① $12x^2 + 15x = 4x \cdot 3x + 5 \cdot 3x = 3x(4x + 5)$

② $(x - 1)(x + 2) - (x + 1)(2x + 4) = (x - 1)(x + 2) - 2(x + 1)(x + 2)$
$$= (x + 2)[(x - 1) - 2(x + 1)]$$
$$= (x + 2)(-x - 3)$$
$$= -(x + 2)(x + 3)$$

③ $(x + 5)^2 - 3x - 15 = (x + 5) \cdot (x + 5) - 3(x + 5) = (x + 5)(x + 2)$

④ 因為$ax^2 + 4x + b = (5x - 1)(x + 1) = 5x^2 + 4x - 1$，故$a = 5$、$b = -1$

- 利用乘法公式作因式分解

  ① $x^2 - 12x + 36 = x^2 - 2 \cdot 6 \cdot x + 6^2 = (x-6)^2$

  ② $49 - (2x+5)^2 = 7^2 - (2x+5)^2$
  $$= [7 + (2x+5)] \cdot [7 - (2x+5)]$$
  $$= -4(x+6)(x-1)$$

  ③ $9x^2 + 24x + 16 = (3x)^2 + 2 \cdot 4 \cdot 3x + 4^2 = (3x+4)^2$

  ④ $(x-1)^2 - (9x^2 + 24x + 16) = (x-1)^2 - (3x+4)^2$
  $$= [(x-1) + (3x+4)][(x-1) - (3x+4)]$$
  $$= -(4x+3)(2x+5)$$

- 利用十字交乘法作因式分解

  ① -10

  $x^2 - 10x + 9 = (x-1)(x-9) = (x+a)(x+b)$

  故得$a + b = (-1) + (-9) = -10$

  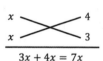

  ② 12

  $x^2 + 7x + 12 = (x+3)(x+4) = (x+a)(x+b)$

  故得$a \cdot b = 3 \cdot 4 = 12$

  ③ 6

  $x^2 + ax - 8 = (x+b)(x-2)$，得$-2b = -8$，即$b = 4$

  故$a = 4 \cdot 1 + (-2) \cdot 1 = 2$，得$a + b = 6$

  ④ $10x^2 + 39x + 14 = (2x+7)(5x+2)$

  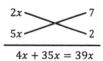

【發掘印度數學寶典的奧秘】

影音詳解：

1.　是

第一個題目的十位數都是 3、第二個題目的十位數都是 5、第三個題目的十位數都是 8，故<u>柯南</u>的想法正確。

2.　否

如果用<u>灰原</u>的步驟會算出 600，如下所列

$4 \times 0 = 0$

$2 \times (2 + 1) = 6$

$6 \times 100 + 0 = 600$

但實際的答案應該是 480，所以不相同

3.　D

第二個共通點為「乘數與被乘數的個位數字相加都是 10」

所以乘數的個位數字 $= 10 -$ 被乘數的個位數字 $= 10 - b$

4.

$(10a + b) \times [10a + (10 - b)]$

$= 100a^2 + 100a - 10ab + 10ab + b(10 - b)$

$= 100a(a + 1) + b(10 - b)$

【揭曉憑空出現的方塊謎團】

1.　　是

兩條互相垂直的直線，它們之間的四個夾角都是直角，故都會等於 90°

2.　　B

根據圖二，O 點往外變成正方形的頂點後，4 條線段就形成了正方形的邊，如下圖所示。

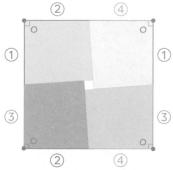

因此，重新排列後的正方形邊長，是由 2 條線段組成，故邊長為 $2a$

3.　　C

根據圖一～圖二，重新排列後的正方形，是由正中央的空位，與原本的正方形切割成四塊後所組成，所以空位的面積等於重新排列後的正方形面積，扣掉原本的正方形面積。

假設原本的正方形邊長為 b，故其面積為 b^2

由第 2 題可知，重新排列後的正方形邊長為 $2a$，故其面積為 $(2a)^2 = 4a^2$

故空位的面積可表示成 $4a^2 - b^2$

4.　　$(2a+b)(2a-b)$

利用平方差公式，可以將 $4a^2 - b^2$ 進行以下分解

$$4a^2 - b^2 = (2a)^2 - b^2 = (2a+b)(2a-b)$$

5.

從第 4 題可知，空位的面積可分解為 $4a^2 - b^2 = (2a+b)(2a-b)$

根據提示，$4a^2 - b^2$ 是一個正數，所以 $(2a+b)(2a-b)$ 也是一個正數。

因為重新排列後的正方形邊長為 $2a$，原本的正方形邊長為 b，所以 $2a + b$ 表示必定也是一個正數。

因此 $2a - b$ 也會是正數，表示 $2a \neq b$，兩正方形的邊長不一樣。

【數學知識檢核】

● 一元二次方程式及其解的意義

① C

(A) $2 \cdot (1)^2 - 1 - 15 = -14 \neq 0$

(B) $2 \cdot (2)^2 - 2 - 15 = -9 \neq 0$

(C) $2 \cdot (3)^2 - 3 - 15 = 0$

(D) $2 \cdot (4)^2 - 4 - 15 = 13 \neq 0$

② $-\frac{4}{3}$

因為$x^2 + ax + 5a = 0$的其中一解為-2，所以$(-2)^2 + a \cdot (-2) + 5a = 0$

得$3a + 4 = 0$，故$a = -\frac{4}{3}$

● 利用因式分解法解一元二次方程式

① $\frac{3}{2}$或-6

$(2x - 3)(x + 6) = 0$，表示$(2x - 3) = 0$或$(x + 6) = 0$，

故可解出$x = \frac{3}{2}$或-6

② 2 或$\frac{5}{2}$

$(x - 2)^2 = (x - 2)(-x + 3)$移項後可得$(x - 2)^2 - (x - 2)(-x + 3) = 0$，

提公因式後可化簡為$(x - 2)[(x - 2) - (-x + 3)] = 0$，得$(x - 2)(2x - 5) = 0$，

故可解出$x = 2$ 或$\frac{5}{2}$

③ -2 或$\frac{2}{3}$

$(-5x + 2)^2 = 16(x - 1)^2$可化簡為$(-5x + 2)^2 = [4(x - 1)]^2$，移項後可得

$(-5x + 2)^2 - [4(x - 1)]^2 = 0$，

利用乘法公式可化簡為$[(-5x + 2) + (4x - 4)][(-5x + 2) - (4x - 4)] = 0$，

得$(-x - 2)(-9x + 6) = 0$，

故可解出$x = -2$ 或$\frac{2}{3}$

④ 3 或 4

多項式$x^2 - 7x + 12$可利用十字交乘法因式分解為$(x - 3)(x - 4)$，使得方程式可化

簡為$(x - 3)(x - 4) = 0$

故可解出$x = 3$ 或 4

- 利用配方法解一元二次方程式

  ① 3

  $x(x + 6) - 891 = 0$可化簡為$x^2 + 6x = 891$，

  根據一次項係數，可利用配方法得出$x^2 + 2 \cdot 3 \cdot x + 3^2 = 891 + 3^2$，

  即$(x + 3)^2 = 900$，故$a = 3$

  ② 90

  $2x^2 - 28x + k = 0$可化簡為$x^2 - 14x = -\frac{k}{2}$，

  根據一次項係數，可利用配方法得出$x^2 - 2 \cdot 7 \cdot x + 7^2 = -\frac{k}{2} + 7^2$，

  即$(x - 7)^2 = -\frac{k}{2} + 49$，故$-\frac{k}{2} + 49 = 4$，得$k = 90$

  ③ $\frac{4}{3}$或$-\frac{2}{3}$

  $9x^2 - 6x = 8$可利用配方法得出$(3x)^2 - 2 \cdot 1 \cdot 3x + 1^2 = 8 + 1^2$，即$(3x - 1)^2 = 9$，

  故可得出$3x - 1 = \pm 3$，$3x = 4$或-2，因此解出$x = \frac{4}{3}$或$-\frac{2}{3}$

- 利用公式解一元二次方程式

  ① 無解

  $x^2 + 7x + 15 = 0$中，$a = 1$、$b = 7$、$c = 15$，

  由判別式可知，$b^2 - 4ac = (7)^2 - 4 \cdot 1 \cdot 15 = 49 - 60 = -11 < 0$，故此方程式無解。

  ② $\frac{1 \pm \sqrt{2}}{4}$

  $16x^2 - 8x - 1 = 0$中，$a = 16$、$b = -8$、$c = -1$，

  由判別式可知，$b^2 - 4ac = (-8)^2 - 4 \cdot 16 \cdot (-1) = 64 + 64 = 128 > 0$，故此方程

  式有相異兩解，利用公式解可解出$x = \frac{-(-8) \pm \sqrt{(-8)^2 - 4 \cdot 16 \cdot (-1)}}{2 \times 16} = \frac{8 \pm \sqrt{128}}{32} = \frac{1 \pm \sqrt{2}}{4}$

  ③ $\frac{5 \pm \sqrt{5}}{4}$

  $-\frac{2}{5}x^2 + x - \frac{1}{2} = 0$可先化簡為$4x^2 - 10x + 5 = 0$，其中$a = 4$、$b = -10$、$c = 5$，

  由判別式可知，$b^2 - 4ac = (-10)^2 - 4 \cdot 4 \cdot 5 = 100 + 80 = 20 > 0$，故此方程式有

  相異兩解，利用公式解可解出$x = \frac{-(-10) \pm \sqrt{(-10)^2 - 4 \cdot 4 \cdot 5}}{2 \times 4} = \frac{10 \pm \sqrt{20}}{8} = \frac{5 \pm \sqrt{5}}{4}$

- 一元二次方程式的應用問題

① C

因為每支 x 元的原子筆，買了$(x + 3)$支，所以總共花費$x(x + 3)$元。

悅悅帶了 200 元買完之後，找回 20 元，表示$x(x + 3) = 200 - 20$

② A

因為長方形果園的長為 32 公尺，寬為 20 公尺，周圍的步道寬度為x公尺，所以原本的長方形土地的長為$32 + 2x$公尺，寬為$20 + 2x$公尺。

故符合長方形土地「面積」的方程式為$(32 + 2x)(20 + 2x) = 720$

$2(32 + 2x) + 2(20 + 2x)$表示的是長方形土地的「周長」，但題目資訊不足已列出符合長方形土地「周長」的方程式。

③ 40 歲

設威威現在x歲，則 20 年前為$x - 20$歲，

依題意列式：$(x - 20)^2 = 10x$

$x^2 - 40x + 400 = 10x$

$x^2 - 50x + 400 = 0$

$(x - 10)(x - 40) = 0$

$x = 10$或 40

因為 20 年前的年齡須為正數，所以威威現在的年齡須大於 20 歲

故威威現在 40 歲。

【移動卡住全世界的塞子】

影音詳解：

1.　B

抖動的大樹枝與傘必須收起，與 6 級風的路上情況符合。

2.　D

根據風力與風壓的換算方式，可得 $\frac{20^2}{16} = 25 \left(\frac{公斤重}{平方公尺} \right)$

3.　C

假設船身側面為一個長方形，所以要計算面積，需要先找出它的長與寬。

長賜號船長 400 公尺，即為此長方形的長度。而寬度須考慮長賜號船高與貨櫃堆疊起來的高度總和，即 $2.7 \times 9 + 57 = 81.3$ 公尺。

故船身側面面積總共約 $400 \times 81.3 = 32520$ 平方公尺。

4.　C

由第 2 題可知，風速每秒 20 公尺的強風，對每平方公尺的施力＝對應的風壓 = 25 公斤重。

由第 3 題可知，船身側面面積總共約 32520 平方公尺。

所以強風作用在船身側面的力為 $25 \times 32520 = 813000$ 公斤重。

因為平均一個成人的推力有 20 公斤重，故強風作用力相當於 $813000 \div 20 = 40650$ 人。

5.　A

法一：

需要原本的風壓 $\frac{1}{4}$，那麼根據風速與風壓的轉換方式，風速會是原本的 $\frac{1}{2}$，也就是約 10 公尺/秒。

對照表一，10 公尺/秒的風速對應的風力為 5 級風。

法二：

設風速為每秒 x 公尺，根據轉換方式，此時風壓為每平方公尺 $\frac{x^2}{16}$ 公斤重，因此作用在船身側面的施力為 $\frac{x^2}{16} \times 32520$ 公斤重。

因為只找到了所需數量人力的 $\frac{3}{4}$ 來幫忙，所以人力推動的施力總和為 $\frac{3}{4} \times 40650 \times 20$ 公斤重。

且把長賜號拉出泥淖所需的力，和當初被風吹動的力一樣大，故人力加上風推的施力總和，要等於原本強風作用在長賜號側面的施力。

故可列出 $\frac{x^2}{16} \times 32520 + \frac{3}{4} \times 40650 \times 20 = 32520 \times 25$，推得 $x^2 = 100$， $x = 10$ 再根據表一，10 公尺/秒的風速對應的風力為 5 級風。

【利用跳眼法測量距離】

影音詳解：

1.　C
根據算式，所求為 $60 \div 6 = 10$

2.　D
因為一層樓高約 3.2 公尺，故 2 層樓約 $3.2 \times 2 = 6.4$ 公尺
由第 1 題可知，$\dfrac{\text{拇指到眼睛之間的水平距離}}{\text{瞳孔間的距離}} = 10$
故根據跳眼法，距離大樓的水平距離 $6.4 \times 10 = 64$ 公尺

3.　C
因為位在 20 層樓高處，所以 <u>赤井秀</u> 所在的高度約為
$3.2 \times 20 = 64$ 公尺
如右圖，根據<u>畢氏</u>定理，他與對象的實際距離約為
$\sqrt{64^2 + 64^2} = 64\sqrt{2}$ 公尺，約等於 90.496 公尺。

赤井　　　64公尺

64公尺

刺殺對象

4.　B
設下降 x 公尺後，<u>赤井秀一</u>與對象的距離恰為 80 公尺
根據畢氏定理，$(64 - x)^2 + 64^2 = 80^2$
可推得 $(64 - x)^2 = 6400 - 4096 = 2304 = 48^2$ ，$64 - x = \pm 48$
故 $x = 16$ 或 112（不合），<u>因此<u>赤井秀一</u>須至少下降 16 公尺。</u>
又一層樓高約 3.2 公尺，故 $16 \div 3.2 = 5$ ，須至少下降 5 層樓。

【推敲手作天燈的紙張大小】

影音詳解：

1.　2 種

因為展開圖是由 1 個正方形和 4 個相同的六邊形所組成，僅需正方形與六邊形兩種。

2.　A

因為正方形的邊長為 x 公分，所以 $\overline{AD}$ 也為 x 公分。

又梯形的底邊長度比為 $1:2$，即梯形 $ABCD$ 中，$\overline{AD}:\overline{BC}=1:2$，故可推得 $\overline{BC}=2x$ 公分。

同理，在梯形 $BEFC$ 中，$\overline{EF}:\overline{BC}=1:2$，可推得 $\overline{EF}=x$ 公分。

3.　$x^2+4\times\left(\frac{3x}{2}\cdot 150\right)$ （或 x^2+900x ）

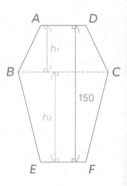

天燈是由 1 個正方形與 4 個六邊形所組成，其中

正方形面積為 x^2 平方公分。

以圖二為例，六邊形的面積為梯形 $ABCD$ 面積+梯形 $BEFC$ 面積，

即 $\frac{(\overline{AD}+\overline{BC})\times h_1}{2}+\frac{(\overline{EF}+\overline{BC})\times h_2}{2}=\frac{3x\cdot h_1}{2}+\frac{3x\cdot h_2}{2}=\frac{3x}{2}\cdot(h_1+h_2)=\frac{3x}{2}\cdot 150$

平方公分。

故天燈展開圖的面積為 $x^2+4\times\left(\frac{3x}{2}\cdot 150\right)=x^2+900x$ 平方公分。

4.　B

因為 1 公升的顏料可以塗 25000 平方公分的面積，

所以用 1.9 公升的顏料，可塗 $1.9\times 25000=47500$ 平方公分。

由第 3 題，可以列出一元二次方程式 $x^2+900x-47500=0$

由十字交乘法可分解成 $(x-50)(x+950)=0$，得 $x=50$ 或 -950（負不合）

因此展開圖中的正方形邊長為 50 公分。

又六邊形的高度為 150 公分，根據圖一的展開圖，以及圖三擺放在紙張上的位置，樂佩準備
的正方形紙張邊長應為 $50+150+150=350$ 公分，才能恰好放得下天燈的展開圖。

【探討美國數奧教練發現的新公式解】

影音詳解：

1.　　是

方程式的根代入原式化簡後，其值為 0

故將 1 代入方程式，可得 $(1-1)(1+7) = 0 \times 8 = 0$，故 1 是此方程式的根。

2.　　兩根之和為 8、兩根之積為 12

根據十字交乘法，可得 $x^2 - 8x + 12 = (x-2)(x-6) = 0$，

故此方程式的兩根為 2、6

因此推得兩根之和 $= 2 + 6 = 8$

兩根之積 $= 2 \times 6 = 12$

3.　　$-b$、c

由第 2 題可知，兩根之和 $8 = \frac{-(-8)}{1}$，即 $\dfrac{-b}{\text{二次項係數}}$

兩根之積 $= 12 = \frac{12}{1}$，即 $\dfrac{c}{\text{二次項係數}}$

4.　　$k = \pm 2$

利用兩根之積，可列出 $(4+k)(4-k) = 12$

故 $16 - k^2 = 12$，$k^2 = 4$，故 $k = \pm 2$

5.　　$20\sqrt{2} \pm \sqrt{71}$

由第 3 題可知，此方程式的兩根之和為 $40\sqrt{2}$、兩根之積為 729

由第 4 題可知，假設此方程式的兩根為 $20\sqrt{2} + k$、$20\sqrt{2} - k$

利用兩根之積，可列出 $\left(20\sqrt{2} + k\right)\left(20\sqrt{2} - k\right) = 729$

推得 $800 - k^2 = 729$，$k^2 = 800 - 729 = 71$，$k = \pm\sqrt{71}$

故此方程式的兩根為 $20\sqrt{2} + \sqrt{71}$、$20\sqrt{2} - \sqrt{71}$

第五單元

【數學知識檢核】

● **累積次數分配表與折線圖**

① A

(B) 有 $8 - 3 = 5$ 人

(C) 全班總共 40 人，故沒有身高 170 公分的人

(D) $28 - 14 = 14$ 人

② C

根據表中資訊，可整理出各組資料如下：

成績 （分）	$40\sim50$	$50\sim60$	$60\sim70$	$70\sim80$	$80\sim90$	$90\sim100$
次數 （人）	7	4	6	10	8	5
累積次數 （人）	7	11	17	27	35	40

由上表可知，70 分以上的人，應為 $10 + 8 + 5 = 23$ 人

③ B

參加競試的人數有 140 人

大部分人的成績落在 $50\sim60$ 分之間

未滿 60 分的人數有 110 人，60 分（含）以上的人數有 30 人，前者比後者多 80 人

④ B

乙 $= 9 + 9 = 18$

$18 + $ 甲 $= 29$，所以 甲 $= 11$

丙 $= 29 + 6 = 35$

全班有 35 人，未滿 6 分者有 $4 + 5 + 9 = 18$ 人

人數最多的 $6\sim8$ 分有 11 人，人數最少的 $0\sim2$ 分有 4 人，相差 7 人

● **相對次數分配表與折線圖**

① A

其他分組的人數，占全體的 $5\% + 45\% + 20\% + 15\% + 5\% = 90\%$

故 $45\sim50$ 公斤這一組的相對次數為 $100\% - 90\% = 10\%$

② D

總人數 = 6 + 10 + 8 + 8 + 4 + 4 = 40

選擇豬腳飯的相對次數 = $\frac{8}{40} \times 100\% = 20\%$

③ B

$50 - (3 + 7 + 12) = 28$，

故 $\frac{28}{50} \times 100\% = 56\%$

④ B

總人數 = $\frac{11}{0.22} = 50$ 人，故 $x = \frac{12}{50} \times 100\% = 24\%$

● **累積相對次數分配表與折線圖**

① C

從表中的資訊，只能判斷未滿 55 公斤、55 公斤（含）以上、55～60 公斤、未滿 60 公斤、60 公斤（含）以上占全部的百分比，

(A) 從此表無法得知 45～50 公斤這組有多少人

(B) 因未滿 60 公斤占全部的 80%，55～60 公斤這組占全部的 50% 故未滿 55 公斤占全部的 80% − 50% = 30%

(C) 因未滿 60 公斤占全部的 80%，故 60 公斤（含）以上這組占全部的 100% − 80% = 20%

(D) 因沒有全部人數的資訊，故無法得知

② D

(A) $(30\% - 20\%) \times 300 = 30$ 人

(B) $(60\% - 30\%) \times 300 = 90$ 人

(C) $(80\% - 60\%) \times 300 = 60$ 人

(D) $(90\% - 80\%) \times 300 = 30$ 人

③ A

因為未滿 60 分的人，占全班的 38%，

故 60 分（含）以上有 $50 \times (100\% - 38\%) = 31$ 人

④ B

由圖可知，未滿 60 分的人占全班的 36%，故共有 $50 \times 36\% = 18$ 人

⑤　A

由圖可知，未滿 165 公分者占所有應徵學生的 20%，未滿 180 公分（含）以上者占所有應徵學生的 80%，

故 165～180 公分的學生占所有應徵學生的80% − 20% = 60%

⑥　D

由圖可知， 160～165 公分這組的人最多，占全班人數的80% − 50% = 30%，

故全班人數為$\frac{12}{0.3}$ = 40人

⑦　C

甲班 60 分（含）以上者占全班人數的 40%

乙班 60 分（含）以上者占全班人數的 50%

丙班 60 分（含）以上者占全班人數的 80%

【洞悉影音頻道的數據】

影音詳解：

1.　3 分鐘

因為觀看時數指的是觀眾實際看的時間，所以這位觀眾看這支影片所提供的觀看時數應為 3 分鐘。

2.

繪製出的折線圖如下所示。

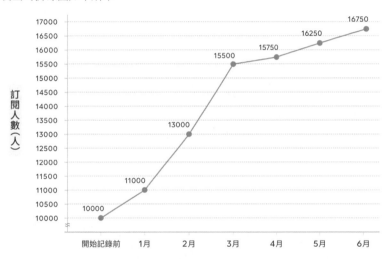

3.　A

從第 2 題可知，到 6 月為止，米高的頻道訂閱人數，從 10000 人增加到 16750 人。

故訂閱人數比開始記錄前增加了 $\frac{16750-10000}{10000} = \frac{6750}{10000} = 0.675 = 67.5\%$

4.　3 月

從圖一累積的觀看時數，可以將米高頻道每個月增加的時數，整理如下表。

	1月	2月	3月	4月	5月	6月
觀看時數變化（小時）	+500	+700	+1300	+200	+500	+800

故可得知，3 月新增的觀看時數最多。

5.　否

從第 4 題可知，米高的頻道在 3 月新增的觀看時數最多，有 1300 小時，所以這支影片當時累積的觀看時數為 1300 ÷ 2 = 650 小時。

又在這個月份，此影片的觀看次數共有 8000 次，故此支影片在當時平均每次觀看的時間長度為 650 ÷ 8000 = 0.08125 小時 = 4.875 分鐘 < 5 分鐘。

故當時平均每次觀看的時間長度，沒有超過其影片總長度的一半。

【找出真正愛出國的族群】

影音詳解：

1.　是

因為圖一為累積相對次數表，故統計數據的百分比皆代表累計至某一歲數的人數佔比。

又橫軸的標點皆表示「未滿 XX 歲」的資訊，故可知未滿 13 歲的出國人數確實占所有年齡層的 6%。

2.　A

根據圖一，未滿 40 歲的出國人數占所有年齡層的 45%，未滿 13 歲的出國人數占所有年齡層的 6%

因為年輕人的年齡層為「13 歲（含）以上且未滿 40 歲」，故須從未滿 40 歲的出國人數中，扣除未滿 13 歲的出國人數，即 45% － 6% = 39%

3.　是

根據圖一，未滿 50 歲的出國人數占所有年齡層的 66%，所以年長者的出國人數占所有年齡層的 100% － 66% = 34%

由第 2 題可知，年輕人的出國人數占所有年齡層的 39% ＞ 34%

故小千的判斷正確。

4.　不合理

根據圖二，未滿 40 歲的出國人數占所有年齡層的 51%，未滿 13 歲的出國人數占所有年齡層的 5%，故 1997～1999 年間，年輕人的出國人數占所有年齡層的 51% － 5% = 46%

而未滿 50 歲的出國人數占所有年齡層的 76%，故 1997～1999 年間，年長者的出國人數占所有年齡層的 100% － 76% = 24%

比較圖一與圖二，年輕人的出國人數從 1997～1999 年間的 46%，下降到 2017～2019 年間的 39%，而年長者的出國人數從 1997～1999 年間的 24%，上升到 2017～2019 年間的 34%

故年長者的出國人數反而增加了，年輕人愛出國的趨勢並不合理。